国家社会科学基金重大招标项目

"锡伯语(满语)基础语料库建设与研究"(15ZDB110)成果

锡伯（满）族语言文化系列丛书

刘小萌 / 主编
许淑杰　锋晖 / 副主编

清文助语虚字注述

manju bithei gisun de aisilara mudan i hergen

付　勇 / 注述
孔·伊克坦 / 校勘

中国社会科学出版社

图书在版编目(CIP)数据

清文助语虚字注述/付勇注述；孔·伊克坦校勘.—北京：中国社会科学出版社，2019.12

（锡伯（满）族语言文化系列丛书/刘小萌主编）

ISBN 978-7-5203-2910-1

Ⅰ.①清… Ⅱ.①付… ②孔… Ⅲ.①满语—词语—研究—清代 Ⅳ.①H221.4

中国版本图书馆 CIP 数据核字(2018)第 172841 号

出 版 人	赵剑英
责任编辑	刘志兵
责任校对	水　木
责任印制	李寡寡

出　　版	中国社会科学出版社
社　　址	北京鼓楼西大街甲 158 号
邮　　编	100720
网　　址	http://www.csspw.cn
发 行 部	010-84083685
门 市 部	010-84029450
经　　销	新华书店及其他书店
印　　刷	北京君升印刷有限公司
装　　订	廊坊市广阳区广增装订厂
版　　次	2019 年 12 月第 1 版
印　　次	2019 年 12 月第 1 次印刷
开　　本	710×1000　1/16
印　　张	15.5
字　　数	251 千字
定　　价	80.00 元

凡购买中国社会科学出版社图书，如有质量问题请与本社营销中心联系调换
电话：010-84083683
版权所有　侵权必究

总序

2015年12月，吉林师范大学成功申报国家社科基金重大项目『锡伯语（满语）基础语料库建设与研究』（编号：15ZDB110），对推进锡伯语、满语研究具有重要意义。锡伯语、满语同属阿尔泰语系通古斯语族满语支，是在明女真语基础上，融合蒙、汉、维等诸多民族语汇形成的。清朝统治268年间，满语作为『国语』通行全国。当时，锡伯与满洲人共同隶属八旗制度，锡伯语、满语亦相互陶融。经过满洲统治者不断改进，语音语法规则日渐系统，语言体系日益完善。其影响力亦远超出满洲、锡伯等若干民族。辛亥革命后，作为官方语言的满语彻底退出历史舞台，满文识读亦陷于困境。值得庆幸

伯语步入消亡语言行列的日期已经不远。』这将是中华民族文化首先是锡伯族、满族文化日益凸显，语言活力迅速下降。正如有专家所预言的：『如果不采取相应的抢救措施，锡中，只有聚居新疆的少数锡伯族人仍在使用锡伯语，但使用范围急剧缩小，老龄化现象已于2009年被联合国教科文组织列为极度濒危语言。同样，在全国约20万锡伯族人口今日，全国1000多万满族人口中，具备使用民族语言文字能力的人寥寥无几，满语

二

语的差异不大。

时至今日，满族、锡伯族的社会面貌乃至分布状况虽已发生深刻变化，但锡伯语与旧满的一点是，在新疆特殊环境下得以绵延存续的锡伯语，逐渐担当起满语传承的活态样本。

集整理的录音和影像资料仍屈指可数，这对日后持续性研究明显不利。

与此同时，尽管海内外学者致力于保护、抢救锡伯语、满语工作已取得一定成效，但搜传承保护与学术研究则相对滞后，有关成果多集中于工具书编纂及语音语法形态研究。伯语研究在很大程度上仍被局限于满文档案翻译与满语传承功能上，而有关锡伯语自身有相当距离。一个突出问题是，伴随学界对清代满文档案整理翻译出版的高度重视，锡编纂推陈出新，研究范围日益拓展，研究水平不断提升。然而，与社会实际需求比，仍

近数十年来，海内外学界对锡伯语、满语的研究方兴未艾，成果丰硕。满文辞书的重大损失。

锡伯语、满语方言对比,突出书面语与口语对比。在方言对比方面,选定新疆察布查尔锡伯语、满语方言对比,突出书面语与口语对比。在方言对比方面,选定新疆察布查尔锡伯语、满语方言对比,突出书面语与口语对比。在方言对比方面,选定新疆察布查尔特色,不规范』现象,即以语言学规范建设基础语料库。第二,突出两个对比,即突出语言保护工程规范开展,努力避免语言学、历史学、民族学等学科交叉的『广而泛,无现状,在综合专家意见基础上,进一步明确课题主攻方向:第一,语料库建设参照国家课题立项后,课题组成员针对目前各类语料库建设标准不一、技术规范差次不齐的目『锡伯语(满语)基础语料库建设与研究』,为上述任务的落实开展提供了难得契机。学界面临的一项当务之急。2015年12月,吉林师范大学成功申报国家社科基金重大项充和整理语言资料,建立科学规范的大型语料库,并以此为依托开展专题研究,就成为

三

基于锡伯语、满语的濒危状况,在前人研究基础上,进一步扩大语言调查范围,补

广泛收集,以期建立锡伯族研究图书电子资料库。

第三,注重两个『收集』,一是对高龄典型人物口述文化实施抢救性保护采录,二是对锡伯族各类文史语言资料进行后语言学、民族学、历史学研究积累音视频资料,等。

音视频信息,书面语以拉丁转写注音,口语以国家语保标准注音,对话语开展语法分析方面,围绕《五体清文鉴》满语书面语与锡伯语口语进行,按照国家语言保护标准采集言,建立概况、音系、词汇、语法、话语、口头文化等采集规范。在书面语与口语对比河、三家子等方言语料采集点,选定典型词汇3000词,语法百余句,开展录制,对比方锡伯自治县八个牛录、伊宁、巩留、塔城、乌鲁木齐、伊车嘎善,以及北京、黑龙江黑

展民族语言文字研究亦启发多多。利用现代化计算机及互联网手段传承语言文字，其社会价值与影响可谓巨大，对学界开录入法，并与郭公教授一同开创音素学习法，设计完成锡伯文、满文多媒体学习软件，多方思考，亦对其传承进行积极实践。如新疆大学付勇教授，研发索贝特锡伯文、满语、满语的锡伯族人士。他们以独特视角观察语言与文字发展规律，不但对其保护进行年的老学者，亦有高校从事语言研究的中年才俊。其共同点，均为多年来潜心研究锡伯撰写的专题著述组成。作者中，既有课题组成员，又有课题录制采集对象，既有耄耋之专题档案的编辑出版，二是论文集，三是文献系列。本系列丛书即属后者，由若干独立课题预期成果，除语料库主体建设外，还包括系列丛书。丛书包括三个系列，一是

四

6

学界师友关嘉禄、佟永功、吴元丰、郭美兰、江桥、赵令志、郭孟秀等诸位先生对本课题工作,乃至丛书的设计、组织、作者联系,事无巨细,都是在锋晖主导下进行的。感谢的责任感,承担了本课题的主体工作。本课题的大量田野调查与语料语音采集整理研究并以优异成绩最终取得博士学位的同时,还以坚韧的毅力、一丝不苟的敬业精神、高度学负笈东行,至吉林师范大学攻读博士学位,乃就学于我。四年来,他在潜心攻读学位学规范化建设等方面贡献尤大。其次是锡伯族青年学者锋晖。四年前锋晖自新疆师范大多次从事艰苦条件下的田野调查与语料采集录制工作。他在课题设计,特别是语料库科志强研究员。志强先生作为本课题主要成员之一,不仅提出诸多宝贵建议,且身体力行,阶段性成果,实得益于诸多学界同仁的鼎力支持和积极参与。首先是锡伯族著名学者赵

最后需要说明的一点,本课题自 2016 年启动以来,之所以得以顺利推进并圆满取得

界同仁及相关人士提出宝贵意见，以期完善提高。在此谨致谢意！

本系列丛书的出版，必将成为锡伯语、满语研究百花园中一朵亮丽的奇葩。恳请学界同仁卓有成效的工作！还要感谢多年来学校领导对满学研究以及本课题的鼎力支持！这些都是课题顺利推进的充分保证。

感谢课题组成员吉林师范大学满学研究院许淑杰教授、吴忠良副教授以及诸位同仁卓有成效的工作！还要感谢多年来学校领导对满学研究以及本课题的鼎力支持！这些都是课题顺利推进的充分保证。

感谢课题组成员吉林师范大学满学研究院许淑杰教授、吴忠良副教授以及诸位同仁卓有成效的工作！还要感谢多年来学校领导对满学研究以及本课题的宝贵建议！

刘小萌二零一八年八月

ᡴ、ᡤ、ᡥ 分别转换为 k、g、h。这么做的理由如下：一是 ᡴ、ᡤ、ᡥ、ᠨ 发音部位位于小舌，理应有自己的转写形式，而 ᡴ、ᡤ、ᡥ 与 ᠨ 存在不可逆的冲突问题。而在索贝特转写中采用的是 ᡴ、ᡤ、ᡥ、ᠨ 分别转换为 kv、gv、hv、而 ᡴ、ᡤ、ᡥ 则转写为 kꞌ、gꞌ、hꞌ 等，这样，满文的 ᡷ 和 ᡱ 都会被转写为 kv、ᡷ 和 ᡱ 转写为 kꞌ、ᡷ 和 ᡱ 转写为 h、ᠨ 流行的其他一些转写形式，如穆林德夫转写中 ᡷ 和 ᠨ 转写为 k，ᡷ 和 ᡱ 转写为 g，ᡷ 和 ᡱ 转写为 h，ᠨ 独写形式的 ᡷ 和 ᠨ 转写后的冲突问题，ᡷ、ᡸ(ᡷ) 转写为 iꞌ，而 ᠨ 及 ᠨ 的其他书写形式等仍为 i。目前音相似的 ᡮ、ᡷ、ᡸ 采用的转写字母为 jꞌ、qꞌ、xꞌ、ᡴꞌ、ᡵ 转写为 jꞌ、qꞌ、ʇ 转写为 ʈꞌ、ᠨ(ᡷ) 转写为 n。还考虑到盘布局、方便输入以及拉丁转写的双向可逆性等诸多因素，索贝特转写中与汉语拼音 zh、ch、sh 发贝特锡伯文拉丁转写』方式，则这两个字符应转写为 u。特别需要注意的是：考虑到现代计算机键本书注述中的拉丁转写采用『索贝特满文拉丁转写』方式。其中，ᡷ 和 ᡱ 转写为 v。若采用『索

前言

及包括与这些词汇相关联的基本单词在内的词汇表及其拉丁转写索引。词条说明中对一部分由词根整的词缀表，采用了基于韵的词缀接缀理念和方法，并附加了《清文启蒙》第三卷中用到的词汇以者。另外，原文中几乎没有标点，因此适当补充了一些标点，以方便阅读和理解。本书整理出较完风格和文字。满文部分则用『索贝特满文转写』的拉丁字符做了标注，以方便对满文识读困难的读『纔』更改为『才』，『広』字改为『么』等。其目的是更便于我们理解，且尽量保持原文的描述的读部分采用了简化字改写，部分字根据词义也做了些修改。例如『根前』一词修改为『跟前』，又如非原著中的文字，是注述中用现代语言加以补充的说明。原文中容易引起歧义或者误解的繁体字也本书中的示例多数源自《清文启蒙》一文，少数引用其他文献。文中，凡是标注为『注』的，是二是克服了拉丁转写上的冲突问题，确保了满文与拉丁转写的双向可逆性。形式，而ᠴ、ᡂ、ᡯ与ᠴ、ᡂ、ᡯ的发音方法和部位对应相同，均位于软腭，且在元音的拼写上没有冲突；

拼写，而满文除了 ᡪ、ᡫ 以外，还有 ᡜ、ᡝ、ᡞ、ᡟ 种形式，音节末词尾也有 ᠶ 和 ᡳ 两种形式，而锡伯文则一律写作 ᡳᡳ和 ᡳᡯ。锡伯文的 ᠶ 只和 ᡟ、ᡞ一种形式。而锡伯文的『ᡳ』在词首一律写作 ᡯ，在词中一律写作 ᡯ。满文音节末词中有 ᠶ 和 ᠴ 两和 ᠶ，词中也有两种形式：ᡯ 和 ᠶ。其中，前一种只和 ᠨ、ᠷ 拼写，和 ᠠ、ᠣ、ᡝ、ᡳ 拼写的则是后异。例如，元音后的 ᡳ，满文一般写作 ᠠᡳ，而锡伯文写作 ᠠᡳ。满文 ᡯ 在词首有两种形式：ᡯ锡伯族同胞在阅读本书时，需要清楚这是一本用满文写的书，一定要注意锡伯文与满文的差写』相关内容，以便读者使用本书时加以对照。

Q/SBT 001—2014《信息技术 锡伯文、满文拉丁字母转写》中的『锡伯文、满文字母的拉丁字母转词源和派生方式。最后，附录了乌鲁木齐市索贝特数码科技有限公司于2014年9月发布的企业标准附加词缀的单词做了分解说明，是满文构词词典的一个尝试，能使读者更加方便地了解相关单词的

3

最后，还要衷心感谢年近八旬的孔·伊克坦老人为全文勘验和校对所付出的辛劳和热忱。

本书虽经过多次勘验对照，然因水平有限，差错之处恳请读者斧正。

ᡠ、ᡡ 拼写的形式。当然，锡伯文和满文之间还有其他一些差异，在这里就不一一介绍了。

锡伯文中则不存在 ᡠ 和 ᡡ 这两个拼写形式。另外，满文 ᡡ 只能和 ᡬᡬ 拼写，不存在与 ᡳᠣ

ᡳ、ᡳ、ᠣ、ᠣ 等音节的拼写形式，锡伯文对应的是 ᡳ、ᠣ、ᠣ、ᠣ、ᠣ、ᠣ、ᠣ、ᠣ、ᠣ、ᠣ、ᠣ、ᠣ、ᠣ 等，

付勇　二零一五年五月

目录

ᠪᡳ 1
ᠪᡳᠰᡳᡵᮟ 3
ᠪᡳᠴᡳ 4
ᠪᡳᠯᡝ 4
ᠪᡳᠮᡝ 5
ᠪᡳᠵᡳ 6
ᠪᡳᡥᡝ 7
ᠪᡳᡥᡝᠪᡳ 8
ᠪᡳᡥᡝᡴᡡ 8
ᡴᠠ 9
ᠣ 9
ᡴᠠᡳ 10
ᠨᡳ 12
ᠨᡳᠣ 14

满文词条	页码
ᠶᠠᠯᠠ	34
ᠣᠵᠣᡵᠠᡴᡡ	33
ᠣᠵᠣᡵᠣ	32
ᠰᡝᠮᡝ	31
ᠰᡝᠴᡳ	31
ᠣᡴᡳᠨᡳ	30
ᠣᠵᠣᡵᠣ	25
ᠣᠮᠪᡳ	23
ᠪᡳᠮᠪᡳ	22
ᠪᡳᡥᡝ	20
ᠪᡳᠴᡳ	20
ᠪᡳᠰᡳᡵᡝ	19
ᠪᡳᠰᡳᡵᡝᠩᡤᡝ	18
ᠪᡳᠰᡳᡵᡝ ᠪᠠ	17
ᠪᡳᠰᡳᡵᡝ ᠪᠠᡳ	16
ᠠᠯᡳ	16

ᠮᠠᠨᠵᡠ	页
ᠮᠠᠨᠵᡠ ᠮᠠᠨᠵᡠ ᠮᠠᠨᠵᡠ ᠮᠠᠨᠵᡠ ᠮᠠᠨᠵᡠ ᠮᠠᠨᠵᡠ	52
ᠮᠠᠨᠵᡠ ᠮᠠᠨᠵᡠ ᠮᠠᠨᠵᡠ	52
ᠮᠠᠨᠵᡠ ᠮᠠᠨᠵᡠ ᠮᠠᠨᠵᡠ ᠮᠠᠨᠵᡠ	50
ᠮᠠᠨᠵᡠ	50
ᠮᠠᠨᠵᡠ ᠮᠠᠨᠵᡠ ᠮᠠᠨᠵᡠ ᠮᠠᠨᠵᡠ	48
ᠮᠠᠨᠵᡠ ᠮᠠᠨᠵᡠ ᠮᠠᠨᠵᡠ ᠮᠠᠨᠵᡠ ᠮᠠᠨᠵᡠ ᠮᠠᠨᠵᡠ	48
ᠮᠠᠨᠵᡠ ᠮᠠᠨᠵᡠ ᠮᠠᠨᠵᡠ ᠮᠠᠨᠵᡠ ᠮᠠᠨᠵᡠ	46
ᠮᠠᠨᠵᡠ ᠮᠠᠨᠵᡠ ᠮᠠᠨᠵᡠ ᠮᠠᠨᠵᡠ	45
ᠮᠠᠨᠵᡠ	43
ᠮᠠᠨᠵᡠ ᠮᠠᠨᠵᡠ ᠮᠠᠨᠵᡠ	42
ᠮᠠᠨᠵᡠ	41
ᠮᠠᠨᠵᡠ ᠮᠠᠨᠵᡠ ᠮᠠᠨᠵᡠ ᠮᠠᠨᠵᡠ ᠮᠠᠨᠵᡠ ᠮᠠᠨᠵᡠ	40
ᠮᠠᠨᠵᡠ ᠮᠠᠨᠵᡠ ᠮᠠᠨᠵᡠ	39
ᠮᠠᠨᠵᡠ ᠮᠠᠨᠵᡠ	38
ᠮᠠᠨᠵᡠ	38
ᠮᠠᠨᠵᡠ ᠮᠠᠨᠵᡠ	36
ᠮᠠᠨᠵᡠ ᠮᠠᠨᠵᡠ ᠮᠠᠨᠵᡠ	35
ᠮᠠᠨᠵᡠ	34

| ᠊ᡳ᠌ᠨ᠋ᠵᠠᠮᠠ᠊ ... 77
| ᠮᠠᠩᡤᡳ ᠰᡝᠮᡝ ... 78
| ᠪᡳ᠍ᠴᡳ ᠪᠠᡳ᠌ᡨᠠᡴᡡ ᠰᡝᠮᡝ ... 78
| ᠣ᠋ ... 79
| ᠠᡳ᠌ᠰᡝᠮᡝ ... 79
| ᠠᡳ᠌ᠨᠠᡵᠠ ... 80
| ᠠᡳ᠌ᠨᠠᠴᡳ ᠣᠵᠣᡵᠠᡴᡡ ... 81
| ᠠᡳ᠌ᠨᠠᡵᠠᡥᡡᠨ ... 81
| ᡤᡝᠯᡳ ... 82
| ᠠᡳ᠌ᠨᠴᡳ ... 82
| ᠠᡳ᠌ᠨᠠᠨᡳ ... 83
| ᠸᡝᠨᠠᡥᠠ ... 84
| ᠠᡳ᠌ᠰᡝ ... 84
| ᠰᡝᠮᡝ ... 85
| ᠠᡳ᠌ᠰᡝᠮᡝ ... 85
| ᠣᠵᠣᡵᠠᡴᡡ ... 86
| ᡩᠣᡳ᠌ᡤᠣᠨᡩᡝ ... 86
| ᠰᠠᡳ᠌ᡴᠠᠨ ... 87

数词附加成分 113
名词（代词）格附加成分 112
名词（代词）复数附加成分 112
派生名词（代词）附加成分 110
附加成分缀接说明 109
附加成分 109
其他虚字 101
ᡳ 99
ᠣᠴᡳ ᠣᠴᡳᠪᡝ ᠣᠴᡳᠨᡳ ᠣᠯᡳ 98
ᠣᠯᡳ 96
ᡠᠨ ᡠᠸᡝ 94
ᠨᠣ 93
ᠪᡳ 92
ᠸᠠᡴᠠ 91
ᡴᠠᡳ 90
ᡩᠠᠪᠠᠯᠠ 89
ᠰᡝᠮᡝ 88
ᠪᠠᡳᠲᠠ 87

词汇表 ··· 123
A ᠠ ··· 123
B ᠣ ··· 131
C ᡳ ··· 138
D ᠣ᠈ ᡠ ··· 138
E ᠴ ··· 144

语气附加成分 ·· 121
连词附加成分 ·· 121
副词附加成分 ·· 121
动名词附加成分 ·· 120
形动词附加成分 ·· 119
副动词附加成分 ·· 118
动词附加成分(式) ·· 117
动词附加成分(态) ·· 115
动词附加成分(时) ·· 115
派生动词附加成分 ·· 114
形容词比较级附加成分 ·· 113
派生形容词附加成分 ··· 113

U ᡩ᠊	193
T ᠣ ᠹ	188
S ᠰ	181
Q ᠴ᠊	179
Q̌ ᠴ᠊	179
O ᠸ	175
N ᠨ	173
M ᠮ	170
L ᠯ	170
K ᠺ	169
Ǩ ᠻ	168
J ᠵ	165
I ᠶ	162
Ȟ ᠾ	161
H ᠬ	159
G ᠭ	155
Ǧ ᠭ᠋	152
F ᡶ	149

- K..211
- Ǩ..211
- J..210
- I (Ǐ)....................................210
- H..209
- Ȟ..209
- G..208
- Ǧ..208
- F..207
- E..206
- D..205
- C..205
- B..204
- A..203

词汇表转写索引................................203

- Y ᠶ......................................199
- X ᠰ......................................198
- W ᠸ......................................196

锡伯文、满文字母的拉丁字母转写

Y..................219
X..................216
W..................216
U..................215
T..................214
S..................213
Q..................213
Ǒ..................213
O..................212
N..................212
M..................211
L..................211

ᠵᡳ᠌ᠶᠠᠨᠨᠠᠨ ᠰᡠᠵᡝᠣ ᠳᡝ ᡤᡝᠨᡝᠮᠪᡳ
giyannan sujeo de genembi
》（地方字）江南苏州去。

ᠰᡳ ᠠᡳᠪᡳᡩᡝ ᡤᡝᠨᡝᠮᠪᡳ
si aibide genembi
（往字，处字）你往哪里去。

ᠠᠮᠪᠠᠰᠠ ᡨᡝᡳᡴᡝ ᡤᡝᠨᡝᡵᡝ ᡩᡝ ᠠᠯᠠᡥᠠ
ambasa teike genere de alaha
（时候字）大人们方才去的时候告诉了。

ᡨᡠᠸᠠᡵᠠ ᡩᡝ ᠵᠠ ᡤᠣᠵᡳᠮᡝ ᠶᠠᠪᡠᡵᡝ ᡩᡝ ᠮᠠᠩᡤᠠ
tuwara de ja gojime yabure de mangga
（时候字）看时容易作时难。

如云：

ᡩᡝ
de

用的方向、对象、目的等：向……（方向）、到……（去处）对（于）、给（与）、与（于）……（对象）、（源）于等。（候）、（在）……（地点）上、（在）……里、（在）……上、凭……、依……、靠……等。（在）……时

注：用现代语法术语可描述为用在名词、代词、动名词等名词性词语之后的方向格、位置格（又称与位格）格助词或格附加成分，与名词性词语一起做补语。在满语中有两种作用：①作为位置格，表示动词行为发生的时间、地点、位置、依据等：（在）……时的方向、对象、目的等：向……（方向）、到……（去处），对（于）、给（与）、与（于）……（对象），（源）于等。②作为向格，表示动词行为作

ᡩᡝ
de

转下申明语。单用联用俱可。

时候字。又地方字，处字，往字。又给字，与字。又里头字，上头字，在字，於字。乃

凡遇 ᡩᡝ be i ni kǎi qi 等虚字，不可提写在行首。若係实解或作汉话用者，方可提写得。凡如

gelembi ᡤᡝᠯᡝᠮᠪᡳ（害怕）

olhǒmbi ᠣᠯᡥᠣᠮᠪᡳ（小心）

aisilambi ᠠᡳᠰᡳᠯᠠᠮᠪᡳ（帮助）

xaňnambi ᡧᠠᠩᠨᠠᠮᠪᡳ（赏赐）

amuran ᠠᠮᡠᡵᠠᠨ（喜好）等字之上必用 ᡩᡝ 字。凡如

minde gisun bifi sinde fonjiki sembi ᠮᡳᠨ ᡩᡝ ᡤᡳᠰᡠᠨ ᠪᡳᡶᡳ ᠰᡳᠨ ᡩᡝ ᡶᠣᠨᠵᡳᡴᡳ ᠰᡝᠮᠪᡳ（於字）我有话要问你。

abkǎ de deyere gǎsha bi na de feksire gurgu bi ᠠᠪᡴᠠ ᡩᡝ ᡩᡝᠶᡝᡵᡝ ᡤᠠᠰᡥᠠ ᠪᡳ ᠨᠠ ᡩᡝ ᡶᡝᡴᠰᡳᡵᡝ ᡤᡠᡵᡤᡠ ᠪᡳ（在字）天上有飞禽，地下有走兽。

baita be kiqerenge niyalma de biqibe muteburenge abkǎ de bikai ᠪᠠᡳᡨᠠ ᠪᡝ ᡴᡳᠴᡝᡵᡝᠩᡤᡝ ᠨᡳᠶᠠᠯᠮᠠ ᡩᡝ ᠪᡳᠴᡳᠪᡝ ᠮᡠᡨᡝᠪᡠᡵᡝᠩᡤᡝ ᠠᠪᡴᠠ ᡩᡝ ᠪᡳᡴᠠᡳ（在字）谋事在人，成事在天。

fi hǒoxan behe yuwan de dere de sinda ᡶᡳ ᡥᠣᠣᡧᠠᠨ ᠪᡝᡥᡝ ᠶᡠᠸᠠᠨ ᡩᡝ ᡩᡝᡵᡝ ᡩᡝ ᠰᡳᠨᡩᠠ（上头字）笔纸墨砚放在桌上。

aisin meňgun oqi guise de tebumbi bele jeku oqi caň ᠠᡳᠰᡳᠨ ᠮᡝᠩᡤᡠᠨ ᠣᠴᡳ ᡤᡠᡳᠰᡝ ᡩᡝ ᡨᡝᠪᡠᠮᠪᡳ ᠪᡝᠯᡝ ᠵᡝᡴᡠ ᠣᠴᡳ ᠴᠠᠩ（注：ᠴᠠᠩ 是汉语借用词）ᡩᡝ ᠠᠰᠠᡵᠠᠮᠪᡳ（里头字）金银贮柜，粮米收仓。

ere niyalma de buhe ᡝᡵᡝ ᠨᡳᠶᠠᠯᠮᠠ ᡩᡝ ᠪᡠᡥᡝ（给字）给与这个人了。

tere niyalma de henduhe ᡨᡝᡵᡝ ᠨᡳᠶᠠᠯᠮᠠ ᡩᡝ ᡥᡝᠨᡩᡠᡥᡝ（与字）说与那个人了。

（注：ki 是前一个动词的词尾，是动词的祈愿式附加成分）欲要的当时字，乃引下语。

如云：

ᡴᡳ ᠰᡝᡵᡝ ᠵᠠᡴᠠᡩᡝ
ki sere jakade

ᡠᡨᡨᡠ ᡨᡠᡨᡨᡠ ᠰᡝᡵᡝ ᠵᠠᡴᠠᡩᡝ ᡤᡝᡵᡝᠨ ᡤᡝᠮᡠ ᡨᡝᠨᡳ ᠰᠠᡥᠠ
uttu tuttu sere jakade geren gemu teni saha

（说的当时字）如此这般说的时候，众人才都知道了。

注：专用于说的时候用的连接词，连接词之后的语句是指说的时候或稍后发生的事情。

如云：

ᠰᡝᡵᡝ ᠵᠠᡴᠠᡩᡝ
sere jakade

说的当时字，乃转下语。

ᠪᡝᠨᡝᠨ ᡶᡠᠯᡠ ᠣᠵᠣᡵᠣ ᠵᠠᡴᠠᡩᡝ ᡨᡠᡨᡨᡠ ᡤᡝᡵᡝᠨ ᠴᡳ ᡣᠣᡳᡤᠣᡵᠣᡴᠣ
beñen fulu ojoro jakade tuttu geren qi qoiğoroko

本领高强，所以出众。（注：补充示例）

ᠠᡥᡡᠨ ᡩᡝᠣ ᠪᠠᡥᠠᡶᡳ ᠠᠴᠠᡵᠠ ᠵᠠᡴᠠᡩᡝ ᠠᠯᡳᠮᠪᠠᡥᠠᡵᠠᡴᡡ ᡠᡵᡤᡠᠨᠵᡝᡥᡝ
ahvn deo bahafi aqara jakade alimbaharakv urgunjehe

（当时字）兄弟得会，不胜欢喜。

注：意指在动作发生的当时或那时，用在句尾做连词，引描述此时、当时或之后所发生情况的语句。

（注：指单词作为实词时的词义）：跟前。

ᠵᠠᡴᠠᡩᡝ
jakade

ᠵᠠᡴᠠ

当时字，彼时字。较 ᡩᡝ de 字词义实在，乃承上起下语。此上必用 ᡵᠠ ra ᡵᡝ re ᡵᠣ ro 等字。实解

ᠪᡳᠰᡳᡵᡝᡩᡝ
bisirede

在的时候字，有的时候字。

如云：

ᠰᡳᠨᡳ ᠪᡝᠶᡝ ᡨᡠᠪᠠᡩᡝ ᠪᡳᠰᡳᡵᡝ ᠵᠠᡴᠠᡩᡝ ᠪᡳ ᡨᡝᠨᡳ ᠪᠠᡥᠠᡶᡳ ᡠᡴᠴᠠᡥᠠ
sini beye tubade bisire jakade bi teni bahafi ukqaha

（在的当时字）有你亲身在那里，我才得脱了。

ᠪᡳᠰᡳᡵᡝ ᠵᠠᡴᠠᡩᡝ
bisire jakade

在的当时字，有的当时字。

如云：

ᠠᠵᡳᡤᡝᠨ ᠴᡳ ᡴᠠᡩᠠᠯᠠᡵᠠ ᠪᠠᡵᡤᡳᠶᠠᡨᠠᡵᠠ ᠨᡳᠶᠠᠯᠮᠠ ᠠᡴᡡ ᠣᠵᠣᡵᠣ ᠵᠠᡴᠠᡩᡝ ᡩᠠᠮᡠ ᠰᡠᠯᠠ ᠪᠠᡳᠰᡳᠨ ᠶᠠᠪᡠᡵᡝ ᡩᡝ ᠠᠮᡠᡵᠠᠨ
ajigen qi kadalara bargiyatara niyalma akv ojoro jakade damu sula baisin yabure de amuran

字）自幼无人拘管，只好闲旷（注：好逸恶劳之好）。（因为的时候

ᠣᠵᠣᡵᠣ ᠵᠠᡴᠠᡩᡝ
ojoro jakade

可以的当时字，因为的时候字。

如云：

ᡳᠨᡳ ᠰᡝᡶᡠ ᡨᡝᠨᡳ ᠶᠠᠪᡠᡴᡳ ᠰᡝᡵᡝ ᠵᠠᡴᠠᡩᡝ ᠠᠪᡳᠰᠠ ᡠᠮᠠᡳ ᠠᠯᡳᠶᠠᡵᠠᡴᡡ ᠨᡝᠨᡝᠮᡝ ᡠᡨᡥᠠᡳ ᡤᡝᠨᡝᡥᡝ
ini sefu teni yabuki sere jakade xabisa umai aliyarakv neneme uthai genehe

（欲要的当时字）他师父才说要走，徒弟们并不候，先就去了。

4

ᠣᡥᠣᡩᡝ oĥode 了的时候字。乃拟度事后。结上起下语。

如云：ᠰᠠᡴᡩᠠ ᠠᡥᡡᠨ ᡳ ᡠᡨᡨᡠ ᠠᡳᠰᡳᠯᠠᠮᡝ ᠸᡝᡥᡳᠶᡝᠮᡝ ᡠᠯᡳᠨ ᠪᡠᡴᡳ ᠰᡝᡵᡝᡩᡝ saǩda aĥvn i uttu aisilame weĥiyeme ulin buki serede，兄如此扶持，欲赠资财，怎敢不受。

ki serede 欲要的时候字。乃引下语。

如云：ᡝᡳᡴᡳ ᡠᡨᡨᡠ ᠰᡝᡵᡝᡩᡝ ᡩᠠᡥᠠᠮᠪᡳᠣ ᡨᡠᡨᡨᡠ ᠰᡝᡵᡝᡩᡝ ᡩᠠᡥᠠᠮᠪᡳᠣ eiqi uttu serede daĥambio tuttu serede daĥambio、ᠠᡳ ᡤᡝᠯᡥᡠᠨ ᠠᡴᡡ ᠠᠯᡳᠮᡝ ᡤᠠᡳᡵᠠᡴᡡ ai gelĥun akv alime gairakv（说的时候字）或是依这样说，依那样说啊。（欲要的时候字）老

serede 说的时候字。乃转下语。

如云：ᠠᠮᠠᡳ ᠪᡳᠰᡳᡵᡝᡩᡝ ᡨᡝᡵᡝᡳ ᡤᡡᠨᡳᠨ ᠪᡝ ᡨᡠᠸᠠᠮᠪᡳ amai bisirede terei gvnin be tuwambi（在的时候字）父在观其志。

如云：

ki sehede 欲要了的时候字。

talu de aika uttu sehede ainara 说了的时候字，倘若时候字。（倘若时候字）万一倘或如此，怎么样。

ki sere ohǒde 动不动的时候字。

ki seme ohǒde jaqi ohǒde 欲要了的时候字。

ojoro ohǒde 因为了的时候字，可以了的时候字。

bisire ohǒde 有了的时候字，在了的时候字。

seme ohǒde 虽说了的时候字。

sere ohǒde 总然了的时候字。

sehede 说了的时候字。

如云：

baita uttu de isinjiha be dahǎme adarame ohǒde sain（了的时候字）事已至此，怎么样了好。

如云：

ᡨᡝᡵᡝ *tere* ᡩᠠᡩᡝ *dade* 那上头又字，兼且字，更且字。在句首用。

ᠣᡥᠣᡵᠣ *oȟoxoro* ᡩᠠᡩᡝ *dade* ᡤᡝᠯᡳ *geli* ᠣᡥᠣᡵᠣ *oȟoxoro* ᡤᡳᠩᡤᡠᠯᡝᡵᡝ *giŋgulere* ᡩᠠᡩᡝ *dade* ᡤᡝᠯᡳ *geli* ᡤᡳᠩᡤᡠᠯᡝᡵᡝ *giŋgulere*。（上头又字）小心上又小心，谨慎上又谨慎。

解：根子上。

ᡩᠠᡩᡝ *dade*

上头又字，兼且字，更且字，一根里字。此下必用 ᡤᡝᠯᡳ *geli*（注：连接词。也，亦。又，并，仍）字，实着，或是寻好价儿卖。

如云：

ᠰᠠᡳᠨᡴᠠ ᠵᠠᡴᠠ *sainka jaka* ᠪᡳᡥᡝᡩᡝ *bihede* ᠠᠰᠠᡵᠠᠮᠪᡳᠣ *asarambio* ᡝᡳᡤᡳ *eigi* ᠰᠠᡳᠨ *sain* ᡥᡡᡩᠠ *hvda* ᠪᡝ *be* ᠪᠠᡳᡶᡳ *baifi* ᡠᠨᠴᠠᠮᠪᡳᠣ *uncambio*。（有来着的时候字）有了好东西，或是收

ᠪᡳᡥᡝᡩᡝ *bihede*

有来着的时候字，在来着的时候字，倘若时候字。乃设言如此，起下另结语。

ᡨᡝᡩᡝ

那上头字,与他字,於彼字。

ᡝᡩᡝ

如云:

ᡝᡩᡝ ᠠᡳᠪᡳ

(这上头字)这有何妨。

这上头字,与此字,於此字。

ᡥᠣᡨᠣᠨ ᡥᡝᠴᡝᠨ ᡳ ᠨᶁᡳᠩᡤᡠᡩᡝ

(上头字)在城墙上。(注:补充示例)

注:由时位名词+位置格附加成分 ᡩᡝ 组成。

ᠨᶁᡳᠩᡤᡠᡩᡝ

上头字。

的么字）夫子至於是邦也，必闻其政。求之欤，抑与之欤（注：欤yú，文言助词，表示疑问、感叹、反诘等语气）。

ᡶᡠᠵᡳ tere gurun de isinahade urunakv terei dasan be donjirenɡge bairedeo eiqi alaradeo〞（上头么字）与么字，乎字，欤字。乃 ᡩᡝ de 字做疑问词。在字尾连用。实解（ᡩᡝ᠊ᡆ deo）：兄弟之弟。

如云：

ᠠᡳᡩᡝ aide ᠪᠠᡥᠠᡶᡳ ᠰᠠᡥᠠ bahafi saha〞（什么上头字）何以得知。

何以得字，什么上头字。

如云：

ᠠᡳᡩᡝ aide

何以得字，什么上头字。

如云：

ᡨᡝᡩᡝ tede ᡥᠸᠠᠩᡤᡳᠶᠠᡵᠠᡴᡡ hvwangˇiyarakv〞（那上头字）那不妨事。

如云：

ᠠᡳ ᠪᡝ ᡶᡠᠯᡝᡥᡝ ᡩᠠ ᠣᠪᡠᠮᠪᡳ
ai be fulehe da obumbi
》（以字）以何作根本。

ᠰᡳᠶᠠᠨ ᠰᡝᡵᡝᠩᡤᡝ ᡠᙉᡳᡵᡝ ᠪᡝ
siyan serengge ujire be
ᡥᡳᠶᠣᠣ ᠰᡝᡵᡝᠩᡤᡝ ᡨᠠᠴᡳᠪᡠᡵᡝ ᠪᡝ
hiyoo serengge taqibure be
ᠰᡳᠣᡳ ᠰᡝᡵᡝᠩᡤᡝ ᡤᠠᠪᡨᠠᠪᡠᡵᡝ ᠪᡝ
sioi serengge gabtabure be
》（也字）庠者养也，校者教也，序者射也。

ᡨᡝᡵᡝᠪᡝ ᡤᠠᡳᠵᡠ
terebe gaju
》（将字）把那个拿来。

ᡨᡝᡵᡝᠪᡝ ᡤᠠᡳᡶᡳ ᡤᡝᠨᡝ
terebe gaifi gene
》（把字）将他领了去。

注：在名词、代词、动名词等名词性词语之后的宾格格助词，与名词性词语一起做宾语。名词+ᠪᡝ 做宾语时，也有表示经过场所、地点等意义。宾格的 ᠪᡝ 有时可以省略。

ᠪᡝ
食，鸟食，牛车辕横木，我们。

ᠪᡝ
把字，将字，也字。又以字，用字。又使字，令字，教字。联用单用俱可。实解：鱼

10

凡遇 ᠰᡝᡥᡝ ᠪᡝ sehe be 将说了的。

ᠴᡝᠮᠪᡝ qembe 将他们，使他们。

ᠰᡠᠸᡝᠮᠪᡝ suwembe 把你们。

ᠮᡝᠮᠪᡝ membe 将我们，令我们。

ᠮᡳᠮᠪᡝ mimbe 把我，叫我。

fi 等虚字之下不可用 be 字。

ᠠᡳ ai（什么） ᡥᡝᠨᡩᡠᡵᡝ hendure（说，称） ᡩᠠᡥᠠᠮᡝ dahame（跟，随）等虚字之上必用 be 字。凡如 i ni de me qi

ᡳᠮᠪᡝ ᠵᡳᡴᡳᠨᡳ imbe jikini 让他来罢。

ᠰᡝᡶᡠ ᠰᡳᠮᠪᡝ ᡤᡝᠨᡝ ᠰᡝᡥᡝ sefu simbe gene sehe（令字）师傅说了叫你去。

ᠠᡳᠪᡝ ᡨᡝᠮᡤᡝᡨᡠ ᠣᠪᡠᠮᠪᡳ aibe temgetu obumbi（以字）以何为凭据。

注：用在名词性词语之后的领属格或工具格格助词，与名词性词语一起做定语或补语。

如云：ᠨᡳᠶᠠᠯᠮᠠ ᡳ ᠠᠮᠠ ᡝᠨᡳᠶᡝ ᠪᡝᠶᡝ ᡳ ᠠᠮᠠ ᡝᠨᡳᠶᡝ ᡳ ᠠᡩᠠᠯᡳ。（的字，之字）人之父母，己之父母。

用义同。

的字，之字。又以字，用字。此 ᡳ 字亦有联写在第一头字尾，念作第二字头音者，与单

如云：ᡤᡝᡵᡝᠨ ᠨᡳᠶᠠᠯᠮᠠ ᡳ ᡩᠣᡵᡤᡳ ᡶᠠᠯᠠᡤᡳ ᠠᠴᠠᡵᠠᠩᡤᡝ ᠸᡝᠪᡝᠣ：（把么字）众人之中该罚的，把谁呀？

么字，平字，欤字。乃 ᠪᡝ 字作质问疑词。

ᡥᡝᠨᡩᡠᡥᡝ ᠪᡝ 把说了的。之谓也。

12

凡遇 ᡠᠯᡥᡳᠶᡝᠨ ulhiyen ᡠᠯᡥᡳᠶᡝᠨ ulhiyen、ᡴᠠᠨ ǩan、ᡴᠣᠨ ǩon、ᡴᡝᠨ ken、ᠴᡳᠨ qin、ᠴᡠᠨ qun、ᡤᡳᠶᠠᠨ giyan、ᡤᡳᠶᠠᠨ giyan、ᡤᡳᠶᠠᠨ giyan、ᡶᡳᠶᠠᠨ fiyan、ᠰᡳᠷᠠᠨ siran、ᠰᡳᠷᠠᠨ siran、ᡩᠠᡥᡳᠨ dahin、ᡩᠠᡥᡳᠨ dahin、ᡩᠠᡥᡡᠨ dahvn、ᡩᠠᡥᡡᠨ dahvn 等字之上必用 ᡳ 字，或当用

凡遇 ᠨᡳ ni 字。如 ᡝᡵᡝ cre ᡤᡝᠰᡝ gese ᡨᡝᡵᡝ tere ᡤᡝᠰᡝ gese、ᡝᠮᡤᡳ emgi ᠪᠠᡵᡠ baru ᠵᠠᠯᡳᠨ jalin ᠠᡩᠠᠯᡳ adali ᡤᡝᠰᡝ gese ᡨᡝᡳᠯᡝ teile ᠴᠠᠯᠠ qala ᠴᡳᡥᠠ qiȟa ᡝᠪᠰᡳᡥᡝ ebsihe ᡤᡠᠪᠴᡳ gubqi ᠴᠠᠩᡤᡳ qangi 等句，乃系成语，不在此例。

ᡳ 字联写体式

ᡝᡵᡩᡝᠮᡠ erdemu ᡳ i ᠪᡝᠶᡝᠪᡝ beyebe ᡩᠠᠰᠠᠮᠪᡳ dasambi、ᠨᡳᠶᠠᠯᠮᠠᡳ niyalmai ᠠᠮᠠ ama ᡝᠨᡳᠶᡝ eniye ᠪᡝᠶᡝᡳ beyei ᠠᠮᠠ ama ᡝᠨᡳᠶᡝᡳ eniyei ᠠᡩᠠᠯᡳ adali》（以字）以德修身。

ᠪᡳ bi ᠰᠠᡳᠨ sain ᠮᡠᠵᡳᠯᡝᠨ mujilen ᡳ i ᠨᡳᠶᠠᠯᠮᠠ niyalma ᠪᡝ be ᡨᡠᠸᠠᡵᠠ tuwara ᠣᠴᡳ oqi、ᠨᡳᠶᠠᠯᠮᠠ niyalma ᡠᡵᡠᠨᠠᡴᡡ urunakv ᠰᠠᡳᠨ sain ᠮᡠᠵᡳᠯᡝᠨ mujilen ᡳ i ᠮᡳᠮᠪᡝ mimbe ᡨᡠᠸᠠᠮᠪᡳ tuwambi》（以字，用字）我以好心待人，人必以好心待我。

13

ᠰᡳᠨᡳ sini （的字）你的。

ᡩᡠᠯᡝ ᡳ ᠪᡳᡥᡝ ᠨᡳ dule i bihe ni （呢字）原来是他呢。

ᡝᡵᡝ ᡤᡝᠰᡝ ᠪᠠᡳᡨᠠ ᡤᡝᠯᡳ ᠪᡳᠨᡳ ere gese baita geli bini （呢字）这样事也有呢。

ᠠᡳ ᡨᡠᡵᡤᡠᠨ ᠨᡳ ai turgun ni （呢字）这是什么缘故呢。

ᠠᡳ ᠨᡳ ᡣᠠᡵᡠᠯᠠᠮᠪᡳ ai ni karulambi （用字）何以报答。

孔明之才，陈平之智，周公之礼。

ᠪᠠ ᠸᠠᠩ ᠨᡳ ᠪᠠᡨᡠᡵᡠ ᡴᡠᠩᠮᡳᠩ ᠨᡳ ᡝᡵᡩᡝᠮᡠ ᠴᡝᠨ ᡦᡳᠩ ᠨᡳ ᠮᡝᡵᡤᡝᠨ ᠵᡝᠣ ᡤᡠᠩ ᠨᡳ ᡩᠣᡵᠣᠯᠣᠨ ba wan ni baturu kunmin ni erdemu cen pin ni mergen jeo gun ni dorolon （的字，之字）霸王之勇，

注：用现代语法术语可描述为语气词，以及用在名词性词语之后的领属格格助词，与名词性词语一起做定语。

如云：

ᠨᡳ ni

ᠨᡳ

的字，之字。又以字，用字。又呢字，哉字。乃惊叹想象语气。实解：标的点子。

14

ᠪᡳ�heni（呢字）来着呢，曾有呢，曾在呢。
ᠪᡳni（呢字）有呢，在呢。
ᠠᡳᠨaha ni（呢字）怎么了呢。未必呢。
ai ni（用字）用什么，以何。
we ni（呢字）他们的。
suwe ni（的字）你们的。
me ni（的字）我们的。
i ni（的字）他的。
mi ni（的字）我的。

如云：ᡤᠣᠰᡳᠨ 仁。ᡤᠣᠰᡳᠩᡤᠠ（有字，的字）仁者，有仁爱的。

注：事实上这三个附加成分之上还有 ᠨ，构成形容词性附加成分。

ᠶᠠᠶᠣᡤᡝ 这三字俱是的字，者字，有字。乃生成已成之词，在字尾联用。

如云：ᡝᡵᡝ ᠰᠠᡳᠨ ᠠᡴᡡ ᠨᡳᠣ（呢么字）这岂不好呢么。

ᠠᡳᠨᠠᡥᠠᡳ ᡨᡠᡨᡨᡠ ᠨᡳᠣ 未必是那样的呢么。

注：用现代语法术语可描述为表示疑问的语气助词。

ᠨᡳᠣ

呢么字。乃呢字。作揣度斟问语，在句尾用。

注：ᠨᡳᠩᡤᡝ 为后置词，与其前一个词构成名词性词组；ᠨᡳᠩᡤᡝ 和 ᡳᠩᡤᡝ 为名词附加成分，常组成名词性物主代词。

ᠨᡳᠩᡤᡝ ᡳᠩᡤᡝ

ᠨᡳᠩᡤᡝ ᡳᠩᡤᡝ 此二字俱是的字。上一字联用单用俱可，下一字联用。

dere 脸面。derengge（有字）有脸面的。

erdemu 才，德。erdemungge（有字，者字）有才德的。

bodon 算计。bodohonggo（有字，者字）有算计的。

horon 威，毒。horonggo（有字，者字）有威的，毒的。

jurgan 义。jurgangga（有字，者字）有义气的。

如云：ᡴᠠᡳ kai ᡶᡠᡯᡳ ᡥᡝᠨᡩᡠᠮᡝ ᡶᠣᠨᠵᡳᡥᠠᠩᡤᡝ ᠠᠮᠪᠠ ᡴᠠᡳ (哉字)子曰：『大哉问。』

哉字，也字，啊字。口气。乃将然已然自信决意之词。

注：语气词。

如云：ᠨᡳᡴᠠᡳ nikai ᡩᡠᠯᡝ dule ᠪᡳᡴᠠᡳ bikai 呢啊字，上必用ᡩᡠᠯᡝ字照应。ᠪᡳᡴᠠᡳ有啊。

ᡠᠮᡝᠰᡳ ᠰᠠᡳᠨ ᡴᠠᡳ umesi sain kai (啊字)最好啊。

ᡝᡵᡝᡳ ᠠᡩᠠᠯᡳ ᠵᠠᡴᠠ ᡠᠨᠴᠠᡵᠠᠩᡤᡝ ᡳᠨᡠ ᠪᡳᡴᠠᡳ erei adali jaka uncarangge inu bikai (啊字)似这样东西卖的也有啊。

如云：ᠮᡳᠨᡳᠩᡤᡝ miningge 是我的。ᠰᡳᠨᡳᠩᡤᡝ siningge 是你的。ᡳᠨᡳᠩᡤᡝ iningge 是他的。ᠴᡝᡳᠩᡤᡝ ceingge 是他们的。ᡝᡵᡝᡳᠩᡤᡝ ereingge 是这个的。ᡨᡝᡵᡝᡳᠩᡤᡝ tereingge 是

那个的，是他的。

凡遇 ᠮᡠᡨᡝᠮᠪᡳ *mutembi* 字之上必用 ᠮᡝ *me* 字。

ᠶᠠᠪᡠᠮᡝ ᠮᡠᡨᡝᡵᠠᡴᡡ *yabume muterakū*（着字）不能行。

ᠠᠮᠠᡤᠠ ᡳᠨᡝᠩᡤᡳ ᡠᡵᡠᠨᠠᡴᡡ ᠮᡠᠵᡳᠯᡝᠨ ᠠᡴᡡᠮᠪᡠᠮᡝ ᡴᡳᠴᡝᠮᡝ ᡶᠠᡵᡓᠠᠮᡝ ᡴᠠᡵᡠᠯᠠᠮᡝ ᠮᡠᡨᡝᠮᠪᡳ *amaga inenggi urunakū mujilen akūmbume kiceme faššame karulame mutembi*（着字）日后必能尽心效力图报。

如云：

ᡤᡳᠰᡠᡵᡝᠮᡝ ᡨᡠᠸᠠ *gisureme tuwa* 说着看。

ᠶᠠᠪᡠᠮᡝ ᡨᡠᠸᠠᡵᠠ ᡩᠠᠪᠠᠯᠠ *yabume tuwara dabala*（着字）走着瞧罢咧。

注：动词并列副动词附加成分。作为词缀也与 ᡳᠯᡳᡥᠠᠪᡳ ᠪᡳ ᠪᡳᠮᠪᡳ ᠪᡳᠰᡳᡵᡝ ᠪᡳᡥᡝ ᠪᡳᡥᡝᠪᡳ *ilihabi bi bimbi bisire bihe bihebi* 等词构成进行时。

皆断煞不得。

ᠮᡝ *me*

着字。在字尾联用。乃结上接下将然未然之语。句中或有联用几 ᠮᡝ *me* 字者，义并同，总

19

清文助语虚字注述

ᠪᡳᠮᡝ (bime)

如云：

ᠶᠠᡩᠠᡥᡡᠨ ᠪᡳᠮᡝ ᡶᡠᠰᡳᡥᡡᠨ (yadahvn bime fusihvn)〉（又字）贫而贱。

ᠪᠠᠶᠠᠨ ᠪᡳᠮᡝ ᠸᡝᠰᡳᡥᡠᠨ (bayan bime wesihun)〉（又字）富而贵。

ᡨᠠᡴᡳᠮᠪᡳᠮᡝ ᡝᡵᡳᠨᡩᠠᡵᡳ ᡠᡵᡝᠪᡠᡴᡳ ᡳᠨᡠ ᡠᡵᡤᡠᠨ ᠸᠠᡴᠠᠣ (taqimbime erindari urebuqi inu urgun wakao)〉（而字）学而时习之，不亦悦乎。

又字，而字。在句中单用联用俱可。

ᠣᠮᡝ (ome)

如云：

ᡥᠠᡶᠠᠨ ᠣᠮᡝ ᠮᡠᡨᡝᠮᠪᡳ (hafan ome mutembi)〉（为字）能做官。

ᡠᡨᡨᡠ ᠣᠮᡝ ᡳᠨᡠ ᠮᡠᡨᡝᡵᠠᡴᡡ ᠪᡳᠮᡝ ᡨᡠᡨᡨᡠ ᠣᠮᡝ ᡳᠨᡠ ᠮᡠᡨᡝᡵᠠᡴᡡ (uttu ome inu muterakv bime tuttu ome inu muterakv)〉（做字可字）这样也不能，那样也不能。

做字，为字，可字。在句中单用。与句尾用 ᠣᠮᠪᡳ (ombi) 字同。

20

ᡨᡠᡨᡨᡠ ᠪᡳᠮᡝ 然而,那样又。

ᡠᡨᡨᡠ ᠪᡳᠮᡝ 然而,这样又。

ᡤᡝᠨᡝᡥᡝ ᠪᡳᠮᡝ 去了又,既去了又。

ᡴᡳ ᠰᡝᠮᠪᡳᠮᡝ 欲又。

ᠰᡝᠮᠪᡳᠮᡝ 说又。

ᠣᠮᠪᡳᠮᡝ 可又,为又。

如云：ᠮᡝᠩᡤᡠᠨ ᠵᡳᡥᠠ ᠪᡳᠮᠪᡳᠮᡝ、ᡤᡝᠯᡳ ᡥᠣᡵᠣᠨ ᡥᡡᠰᡠᠨ ᠪᡳ:（又有字）又有银钱,又有势力。

ᠪᡳᠮᠪᡳᠮᡝ 又有字。在句中用。

如云：

ᡴᡳ ᠰᡝᡥᡝ ᠰᡝᠮᡝ 虽说要。

ᠣ ᡴᡳ ᠰᡝᠮᡝ 欲为，要。

ᡴᡳ ᠰᡝᠮᡝ 欲要。

ᡠᡩᡠ ᡨᡠᡨᡨᡠ ᠰᡝᡥᡝ ᠰᡝᠮᡝ 虽然那样说。

ᠰᡳᠮᠪᡝ ᡴᡳᠴᡝᠪᡝ ᠣᠯᡥᠣᠪᠠ ᠪᠠᡳᡨᠠ ᡩᡝ ᡠᠮᡝᠰᡳ ᠰᠠᡳᠨ ᠰᡝᠮᡝ ᠠᡴᡩᡠᠯᠠᡥᠠ》（说字）保你勤慎小心，办事甚好。

ᠶᡳ ᡤᡝᠨᡝᡥᡝ ᠰᡝᠮᡝ ᡳᠨᡠ ᠪᠠᡳᡨᠠ ᡩᡝ ᡨᡠᠰᠠ ᠠᡵᠠᡵᠠ ᠪᠠ ᠠᡴᡡ》（虽说字）他总然去了也无济于事。

ᠰᡝᠮᡝ

ᠰᡝᠮᡝ

说字，虽说字，总然字。在句中单用。

ᠰᡝ ki

ᠰᡝ se 字，乃实在欲字、要字也。

欲字、要字意。又让人请字意。在字尾联用。亦可直煞住。语甚虚活。若此字之下有 ᠪᡳᡥᡝ seme ᠰᡝᠮᡝ

ᡨᡠᡨᡨᡠ ᠰᡝᠮᡝ tuttu seme 虽然，虽然那样。

ᡠᡨᡨᡠ ᠰᡝᠮᡝ uttu seme 虽然，虽然如此。

长疮，有脓也不多。

ᠰᡳᠩᡤᡝᡵᡳ ᡳ ᡠᠨᠴᡝᡥᡝᠨ ᡩᡝ ᠶᠣᠣ ᠪᠠᠨᠵᡳᡥᠠ ᡳ ᠠᡩᠠᠯᡳ ᠨᡳᠶᠠᡴᡳ ᠪᡳᡥᡝ ᠰᡝᠮᡝ ᡤᡳᠶᠠᠨᠠᡣᡡ ᡠᡩᡠ
siŋgeri i uncehen de yoo banjiha i adali niyaki bihe seme giyanakū udu

如云：

（总然有来着字）耗子尾巴上虽有来着字，虽在来着字，总有来着字，总在来着字。

ᠰᡝᡴᡳ 要说。

如云：

ᠪᡳ ᡠᡨᡨᡠ ᠣᡴᡳ 我欲如此。

ᠮᠣᡵᡳᠨ ᠶᠠᠯᡠᡴᡳ 请骑马。

ᠠᡤᡝ ᠸᡝᠰᡳᡥᡠᠨ ᡨᡝᡴᡳ 长兄请上坐。

ᠰᡳ ᡝᡵᡝ ᠪᡳᡨᡥᡝ ᠪᡝ ᠪᡳ ᡥᡡᠯᠠᡴᡳ ᠰᡝᠮᠪᡳᠣ 你要念这个书么。

ᡝᡵᡝ ᠪᡳᡨᡥᡝ ᠪᡝ ᠪᡳ ᡥᡡᠯᠠᡴᡳ 这个书我念。

ᠪᡳᡴᡳ 欲在。

如云：

ᠪᡳ ᡤᡝᠨᡝᡴᡳ ᠰᡝᠮᠪᡳ 我要去。

ᠪᡳ ᠴᡳᡥᠠᠩᡤᠠᡳ ᡠᠪᠠᡩᡝ ᠪᡳᡴᡳ 我愿意在这里。

ᡴᡳ qi

下未然之语。

字(注：序数词附加成分)。又离字。又比字(注：名词比格附加成分)。又是字。在字尾联用。乃结上起如字，若字，则字(注：动词假定副动形式附加成分)。又自字，从字，由字(注：名词从格附加成分)。又第

ᠴᡳ

请骑。又欲骑。 yaluki
请吃。又欲吃。 jeki
请饮。又欲饮。 omiki
请坐。又欲坐，欲居住。 teki

ama eniye qi fakqafi booqi aljafi ineŋgi ğoidaħa（离字）辞别父母，离家日久。

ubaqi ğoro akv（离字）离此不远。

bi jakvqi de bi（第字）我在第八个上。

si uduqi de bi（第字）你在第几个上。

daqi dubede isitala（从字，由字）从头至尾。

ereqi julesi（自字）自今以后。

geneqi uthai genembi seme hendu generakv oqi uthai generakv seme hendu（如字，若字）若去就说去，若不

去就说不去。

ere niyalma gisurerakvqi wajiħa gisureqi urunakv aqanambi（如字，若字）此人（注：原文为「夫人」，疑为笔误）

不言，言必有中。

如云：

然则，若是那样。 tuttu oqi

然则，若是如此。 uttu oqi

若是、如若，则字。

倘得，如得。 bahaqi

词也。

凡遇

ombi ojoro ojoronġe ojorakv tetendere aqambi tulgiyen（是字）在那里有来着的，都是谁。

tubade biheṅge weqi 是那一个先来着。

yaqi neneme jihe bihe

sinqi maṅġa（比字）比你高强。

i minqi se aḥvn（比字）他比我年长。

等字之上，必用 qi 字，此一定之

ubade biqi tubaqi sain

》(若在字)若在此处,比那里好。

antaha tuwara niyalma be solime gajifi tehe biqi antaha inu isinjiha

》(将字)陪的人将请来坐下,客也到来了。

sinde aika sain bithe biqi, minde emu udu debtelin be juwen bufi hvlaki

(如有字)你若有什么好书,借与我几本念。

如云:

biqi

如有字,若在字。又将字。

ki seqi

若要,如欲。

seqi

若说,如说。

jai de oqi

二则,第二来。

emu de oqi

一则,第一来。

听见，闻之。此下必用 ᠰᡝᡵᡝ ᠰᡝᡥᡝ ᠰᡝᠮᠪᡳ 等字应之。

donjiqi sere sehe sembi

embiqi
或者是。

akvqi
若不，莫不是。

ainqi
是什么。

eiqi
或字，抑字。

如云：ᡨᡠᡨᡨᡠ ᠠᡴᡡ ᠪᡳᡥᡝ ᠪᡳᠴᡳ ᠪᠠᡥᠠᡶᡳ ᡠᡨᡨᡠ ᡩᡝ ᠣᠮᠪᡳᡥᡝ

tuttu akv bihe biqi bahafi uttu de ombihe

(倘曾字)若不那样来着，何以得这样。此下必用 ᠪᡳᡥᡝ 字应之。

bihe

如云：ᠪᡳᡥᡝ ᠪᡳᠴᡳ

bihe biqi
若有来着字，若在来着字，倘曾字。乃设言以前事务之词。此下必用

ki sehe biqi
将欲，将要。

ᠪᠠ ᡠᠮᡝᠰᡳ ᡤᠠᠨᡳᠣᠩᡤᠠ ᡳᠮᠪᡝ ᡨᡝᠨᡳ ᠰᡝᡥᡝ ᠪᡳᠴᡳ ᡠᡨᡥᠠᡳ ᠵᡳᡥᡝ

ba umesi ganionğa imbe teni sehe biqi uthai jihe

(将说了字)地方儿很邪，才将说着他就来了。

sehe biqi
将说了字。

ᡨᡠᠯᡝᡵᡤᡳᡩᡝᡵᡳ tulergideri
从外边。

ᠵᠠᡴᠠᡩᡝᡵᡳ jakādēri
从缝子里。

ᠰᡳᡩᡝᠨᡩᡝᡵᡳ sidendēri
自其间。

ᡩᠣᡵᡤᡳᡩᡝᡵᡳ dorgideri
从中，自里头。

ᡤᡳᠶᠠᠮᡠᠨ ᡩᡝᡵᡳ giyamun deri
由驿站。

ᠮᠣᡵᡳᠨ ᡩᡝᡵᡳ morin deri
由马上。

自字，从字，由字。在字尾用之。比 ᠴᡳ qi 字词义实在。乃实解起字也。

30

如云：

ᠠᡳᡴᠠ baita tuqike sehede, ja akv kai

(什么字) 有什么东西么。

什么字，倘或怎么字。

如云：

ᠠᡳᡴᠠ jaka bio

(倘或怎么字) 倘或事出来了，不轻啊。

ᠠᡳᡴᠠᠪᠠᡩᡝ baita tuttu ohode, ainaqi ojoro

(倘或字) 倘或事到其间，怎么处。

倘若字，倘或字，设或字。在句首用。此下必用

ᡥᠠᡩᡝ hede ohode de qi oqi

等字应之。

如云：

bi boode isinafi majige teyefi buda jefi dere obofi jai jiki
ᠪᡳ ᠪᠣᠣᡩᡝ ᡳᠰᡳᠨᠠᡶᡳ ᠮᠠᠵᡳᡤᡝ ᡨᡝᠶᡝᡶᡳ ᠪᡠᡩᠠ ᠵᡝᡶᡳ ᡩᡝᡵᡝ ᠣᠪᠣᡶᡳ ᠵᠠᡳ ᠵᡳᡴᡳ"（了字）我到了家里去，歇一歇，吃了饭，洗了脸，再来。

gisurefi tuwa
"（了字）说了看。

genefi uthǎi jimbi
"（了字）去了就来。

alafi jai genekini
"（了字）告诉了再去罢。

buda jefi hǔdun jio
"（了字）吃了饭快来。

注：动词顺序副动形式附加成分，所构成的词汇做状语或合成谓语。

有联用几 **ᡶᡳ** 字者，义并同。总为半句断煞不得。

上半句的了字。又因字意。在字尾联用。乃结上接下将然已然词义意未断之语。句中亦

如云：

ᠪᡳᡶᡳ
bifi

ᠰᡳ ᠪᠣᠣᡩᡝ ᠪᡳᡶᡳ ᠠᡳᠨᠠᠮᠪᡳᡥᡝ
si boode bifi ainambihe

有了字，在了字。

（在了字）你在家里作什么来着。

ᡨᡠᡨᡨᡠ ᠣᡶᡳ
tuttu ofi

ᡠᡨᡨᡠ ᠣᡶᡳ
uttu ofi

所以，是故，因为那样。

所以，故此，因此，因为这样。

样劝罢咧。

如云：

ᠣᡶᡳ
ofi

ᠰᡳ ᡝᠮᡠ ᡨᠣᠪ ᠰᡝᡵᡝ ᠨᡳᠶᠠᠯᠮᠠ ᠣᡶᡳ ᠪᡳ ᡨᡝᠨᡳ ᡠᡨᡨᡠ ᡨᠠᡶᡠᠯᠠᡵᠠ ᡩᠠᠪᠠᠯᠠ
si emu tob sere niyalma ofi bi teni uttu tafulara dabala

因为了字，因而字。

（因为字）因为你是一个正道的人，我才这

33

meifen sampi 直伸着脖子。aŋǧa juwampi 大张着口。wempi 化开了。

注：动词后附加的形容词形式附加成分，构成的词汇用作状语。

pi 字与 fi 字词义稍同，乃形容事务太甚之语。在字尾联用。

pi

ki sefi 因欲，因要。

没有给。

如云：qanaňgi bumbi sefi buhekv̌, sikse bumbi sefi geli buhekv̌。（说了字）前日说了给，没有给，昨日说了给，又

sefi 说了字，说毕字。

sefi

如云：

yaluḣa morin 骑的马，foloḣo bithe 刻的书，genehe niyalma 去的人。

注：动词的过去时或形动词、动名词完成态的附加成分。

ḣafumbi 通达，ḣafuka 通达了，gerembi 天亮，gereke 天亮了，fodorombi 毛倒卷，fodoroḣo 毛倒卷了。

alambi 告诉，alaḣa 告诉了，erembi 指望，erehe 指望着了，obombi 洗，oboḣo 洗了，

hō 上用 ᠣ，ha 下用 ᡥ，上用 ᡴᠠ，ge 下用 ᡤ，上用 ᡴᡝ，a 下用 ᠠ，上用 ᠣ，fo 下用 ᡶ，上用 ᠣ，ko 下用 ᠺ，he 上用 ᡥ，下用 ᡥ

字，的字者。俱随上字押韵用之。如上用 ᠠ，下用 ᡥ，上用 ᠣ，下用 ᡩ，上用 ᠣ下用

ḣwaliyampi 和气了，qolgoropi 超然出众了，jalumpi 遍满了，yumpi 沉湎贪进去了，jompi 提起了。

字，此六字俱是了字，矣字，也字。在字尾联用。乃已然之词。句中亦有解作之

ᠪᡳᡥᡝ bihei 久而久之字。

如云：

ᡩᠠᠴᡳ daqi emu umesi sain niyalma bihe 》（原曾字）原是一个最好的人来着。

有来着字，在来着字，原曾字。乃追述语。此上必用 ᡩᠠᡳ daqi 字照应。

如云：

ᠨᠠᡶᠠᠨ oho niyalma》（为了字）作了官的人。

sini tere baita absi oho 》（了字）你的那个事情怎么样了。

了字，为了字。

oho

ke he 等字。

凡遇 maŋgi （注：[后]……的时候，……以后，……之后。要求它前面的词为动词的形动形式。）字之上，必用 ḣaḣa koho

36

ki sehe 说了欲要字。

如云：

i ai sehe ki sehe
（说了字）他怎么说了。

sini booi niyalmai alanjihāngge simbe tokso de genehe sehe
（说了字）你家人来告诉说，你往屯里去了。

说了字，称说字。乃述他人之词

ki sembihe 欲要来着。曾欲

sembihe 说来着，使得来着。

bimbihe 曾有来着，曾在来着。

o bihe 可以来着，使得来着。

如云：

ehe urse de dayanaqi bihe bihei ehe de uxabumbi
（久而久之字）归坏人，久而带累坏。

如云：

ᡳ tubade biheo ᠃（了么字）他在那里来着么。

si hafan oho ᠃（了么字）你做了官了么。

ere wakao ᠃（了么字）这不是了么。

注：疑问式附加成分。

kao hoo koo hoo keo heo

此六字俱是了么字，乎字，欤字。乃上六字作已然疑词。在字尾联用。

wakā

不是、非字。

如云：

seheŋge 说了的，所谓者。

ohoŋge 曾经的，有来着的，在来着的。

biheŋge 了的，为了，作了的。

minde buheŋge（了的字）给了我的。

wei arahaŋge（了的字）谁写了的。

sonjohoŋge（了的字）挑选了的。

注：完成态形动词附加成分。

字尾联用。

kaŋge haŋge koŋge hoŋge keŋge heŋge

此六字俱是了的字，者字，所以字，也者字。乃已然语，在

ki seheŋge
ᡳ ᠰᡝᡥᛕᠣ
欲要了的么。

seheŋge
ᠰᡝᡥᛕᠣ
说了的么。

biheŋge
ᠪᡳᡥᛕᠣ
曾经的么,有来在来着的么。

oḣoŋgeo
ᠣᡥᠣᠩᡤᡝᠣ
了的么,做了的么,为了的么。

注:完成态疑问式动名词附加成分。

疑词。在字尾联用。

kaŋgeo heŋgeo koŋgeo hoŋgeo keŋgeo heŋgeo
ᡣᠠᠩᡤᡝᠣ ᡥᡝᠩᡤᡝᠣ ᡴᠣᠩᡤᡝᠣ ᡥᠣᠩᡤᡝᠣ ᡴᡝᠩᡤᡝᠣ ᡥᡝᠩᡤᡝᠣ

此六字俱是了的么字,者乎字,者欤字。乃上六字作已然

ki seheŋge
ᡳ ᠰᡝᡥᛕᠣ
欲要了的。

ai gisurebure babi ᠠᡳ ᡤᡳᠰᡠᡵᡝᠪᡠᡵᡝ ᠪᠠᠪᡳ ：有何说处。

ai bi ᠠᡳ ᠪᡳ 何妨，何伤，有什么。

jifi bi ᠵᡳᡶᡳ ᠪᡳ ：现在来了。

jime bi ᠵᡳᠮᡝ ᠪᡳ ：现在来到。

ne aibide bi ᠨᡝ ᠠᡳᠪᡳᡩᡝ ᠪᡳ ：（在字有字）现在何处。

bi nure omime baharakū ᠪᡳ ᠨᡠᡵᡝ ᠣᠮᡳᠮᡝ ᠪᠠᡥᠠᡵᠠᡴᡡ：（我字）我不会饮酒。

如云：

ᠪᡳ

ᠪᡳ

在句首用是我字。在句尾用是现在、现有字。乃已然之词。

如云：

sembihebi 说来着，曾言。

ombihebi
oĥobi 可以来着，使得来着。

已了，为了。

eiten baita yooni wajihabi 诸事俱已全毕。

geneheo
hafan oĥo 去了
genehe 做了官
hafan oĥobi 已做了官。

baĥao
oĥoo 去了么
genehe 做了官么
hafan oĥo 已是去了。

geneheo
baĥa 得了么
hafan 得了
baĥabi 已是得了。

别情已然之语。

kabi habi hobi kobi kebi hebi 此六字俱是已了字，矣字，也字。乃一事已毕，用此煞尾。另叙

用 ᡵᠣ 下用 ᡵᠣ。

亦有解作之字、的字者。俱随上字押韵用之。如上用 ᠠ 下用 ᡵᠠ，上用 ᡝ 下用 ᡵᡝ，上用 ᠣ 下用 ᡵᠣ。此三字俱在字尾联用，乃结上接下未然之语。亦可煞尾用。比 ᠣᠮᠪᡳ 字语气轻活。句中亦可煞尾用。

如云：

ᠪᠠᡥᠠᡶᡳ ᡩᠣᠨᠵᡳᠮᠪᡳ�（原曾字）孔夫子若无温良恭俭让之德，何以得闻列国之政事。

ᠪᡳᠮᠪᡳᡥᡝᠪᡳ 原有了来着字。原有了来着，原在了来着。

ᠪᡳᡥᡝᠪᡳ 有了来着字，在了来着字。乃追述往事煞尾之语。

ᠰᡝᡥᡝᠪᡳ 说了字。乃追述前人、他人煞尾之词，上必用 ᡥᡝᠨᡩᡠᡥᡝᠩᡤᡝ 字。

例，是一定之词也。

ᠣᠵᠣᡵᠣ
ojoro
使得，可字，作字，为字。

ᠠᡳᠨᠠᠴᡳ ᠣᠵᠣᡵᠣ
ainaqi ojoro
奈何，可怎么着。

凡遇

ᠵᠠᡴᠠᡩᡝ ᠠᠩᡤᠠᠯᠠ ᠣᠨᡤᠣᠯᠣ ᡩᠠᠪᠠᠯᠠ ᠠᠶᠣᠣ ᡠᠨᡩᡝ
jakade anggala onggolo dabala ayoo unde
必用 ra re ro 等字应之。如

ᠪᡳᡨᡥᡝ ᡥᡡᠯᠠᡵᠠ ᠨᡳᠶᠠᠯᠮᠠ
bithe hvlara niyalma
读书的人，

ᠠᡤᡝ ᡠᠮᡝ ᠵᠠᡳ ᡠᡨᡨᡠ ᡠᠮᡝ
age ume jai uttu ume
等字，

ᠵᡠᡤᡡᠨ ᠶᠠᠪᡠᡵᡝ ᠨᡳᠶᠠᠯᠮᠠ
jugvn yabure niyalma
行路之人，

等字之上必用 ra re ro 等句，乃系急口成语，不在此

ᠪᠠᡳᡨᠠᠯᠠᠴᡳ ᠣᠵᠣᡵᠣ ᡝᡵᡩᡝᠮᡠ
baitalaqi ojoro erdemu
堪用之才。凡遇 ume 字之下

如云：

ᠪᡳ ᡠᡵᡠᠨᠠᡴᡡ ᠣᠪᠣᠨᠣᠮᠪᡳ
bi urunakv obonombi
我必定去洗，

ᠪᡳ ᡠᡨᡥᠠᡳ ᠣᠪᠣᠨᠣᡵᠣ
bi uthai obonoro
我就去洗啊。

ᠪᡳ ᡠᡵᡠᠨᠠᡴᡡ ᡝᡵᡳᠮᠪᡳ
bi urunakv erimbi
我必然扫，

ᠪᡳ ᡠᡨᡥᠠᡳ ᡝᡵᡳᡵᡝ
bi uthai erire
我就扫啊。

ᠪᡳ ᡠᡵᡠᠨᠠᡴᡡ ᠠᠨᠠᠮᠪᡳ
bi urunakv anambi
我必定推，

ᠪᡳ ᡠᡨᡥᠠᡳ ᠠᠨᠠᡵᠠ
bi uthai anara
我就推呀。

注：这三个是动词一般将来时附加成分，也用作形动词、动名词附加成分。

如云：ᠸᠠᠯᡳᠶᠠᠮᡝ ᡤᠠᠮᠠᡵᠠᠣ (祈字) 望乞容谅。

注：原文只有 ᠸᠠᠯᡳᠶᠠᠮᡝ、ᡤᠠᠮᠠᡵᠠᠣ 二字，因后面例句中含有 ᡵᠠᠣ 字，故将上句补充了 ᡵᠠᠣ 字，且将二改为三。

ᡵᠠᠣ ᡵᡝᠣ ᡵᠣᠣ

此三句俱是么字，乎字，欤字，恳乞字，求祈字，望祈字意。在字尾联用。

ᠰᡝᡵᡝ 欲要。

如云：bi dunjiqi tulergi urse gemu uttu sere：

我听得外边的人们都是这样说。

说字，闻说字。乃述他人之语。实解：白蚱。

bisire 有字，有的，在字，在的。

absi ojoro 怎么处。

如云：

ᠵᡳᡩᡝᡵᡝᠩᡤᡝ ᠠᡳᠨᠠᡥᠠ ᠨᡳᠶᠠᠯᠮᠠ
jiderengge ainaha niyalma

（者字）来者是何人。

注：动名词附加成分，构成名词。

不相同，在字尾联用。

此三字俱是的字，者字，所以字，也者字。乃未然之语。比 ᡳ ni 字词意俱

donjiqi ojoroo（乞字）可得闻乎。

yabubuqi ojoroo（乞字）可否施行。

bufi ungirco（恩字）恩祈给发。

ongodome guweburco（恩字）望祈宽恕。

46

absi serenğe 说的是哪里话,怎么说。

ki serenğe 欲要的。

menğun jiha serenğe ergen be ujire fulehe （乃字）银钱乃养命根源。

hiyooxun deoqin serenğe tere ġosin be yabure fulehe dere （也者字）孝悌也者,其为仁之本欤。

bisirenğe 有的,在者。

serenğe 说的字,乃字,说的是字,所谓者字,也者字。

ojoronğe 可以的,使得的,作者,为者。

wesire forġoxoronğe umesi hvdun （的字）升转的甚快。

niyanniyaranğe ğabtaranğe gemu sain （的字）马步射的俱好。

可以字，使得字，作字，为字。如上有 ᠴᡳ〔qi〕字，是可字。上用 ᡩᡝ〔de〕字是为字。乃煞尾之语。

如云：ᡳ ᡝᠨᡝᡤᡳ ᠵᡳᠮᠪᡳᠣ ᠵᡳᡩᡝᡵᠠᡴᡡ〔i enegi jimbio jiderakv〕他今日来不来呀，ᡠᡵᡠᠨᠠᡴᡡ ᠵᡳᠮᠪᡳ〔urunakv jimbi〕必然来。

注：动词陈述式一般现在时附加成分。

ᠮᠪᡳ〔mbi〕

ᠸᡝ ᡨᡠᠪᠠᡩᡝ ᠶᡝᠨᡝᡵᡝ〔we tubade genere〕谁往那里去啊，ᠪᡳ ᠶᡝᠨᡝᠮᠪᡳ〔bi genembi〕我去。

在字尾联用。乃将然未然煞尾之语。比 ᡵᠠ ᡵᡝ ᡵᠣ〔ra re ro〕等字词义实在。

ᡵᠠᠩᡤᡝᠣ〔raňgeo〕

疑词，在字尾联用。

ᡵᠠᠩᡤᡝᠣ ᡵᡝᠩᡤᡝᠣ ᡵᠣᠩᡤᡝᠣ〔raňgeo reňgeo roňgeo〕

此三字俱是的么字，者乎字，者欤字。乃上 ᡵᠠᠩᡤᡝ ᡵᡝᠩᡤᡝ ᡵᠣᠩᡤᡝ〔raňge reňge roňge〕三字作未然

ki sembi

欲要。

如云：

bireme gemu terebe sain sembi
（说字）一概都说他好。

ini qolo be ai ama sembi
（说字）他的号儿叫作什么。

sembi

说字，谓字，称字，叫作字。

如云：

tondo nomhon niyalma seqi ombi
（可谓字）称得起是忠直老实人。

udu ambula bayan akv biqibe inu elgiyen wenjehun boo seqi ombi
（可谓字）虽不甚富，亦可谓殷实之家。

seqi ombi

可谓字，称得字。

如云：

ere niyalma sinde ai ombi
（为字作字）此人是你什么。

doigonde saqi ombi
（可以字）可以前知。

ere baita yabuqi ombi
（可以字）此事可行。

清文助语虚字注述

如云：

ᡤᡝ ᡴᡝᠮᡠᠨᡳ ᠵᡳᠮᠪᡳᠣ
qe kemuni jimbio
(么字) 他们还来么？

ᠰᡠᠸᡝ ᡤᡝᠮᡠ ᡤᡝᠨᡝᠮᠪᡳᠣ
suwe gemu genembio
(么字) 你们都去么？

ᡝᡵᡝ ᡤᡝᠰᡝ ᡴᠣᠣᠯᡳ ᡤᡝᠯᡳ ᠪᡳᠣ
ere gese kooli geli bio
(有么字) 这样规矩也有么？

ᠧᠨ
en

（注：原著中独立形式 en 左边不带点）

ᡳᠨ ᠠᠣ ᡝᠣ ᡳᠣ
in ao eo io 二字之头。在字尾多系疑问之语。在字尾联用。大凡

ᠠᠨ
an

此二字俱是么字，乎字，欤字。又啊字口气。俱系结问疑词。

ᠪᡳᠣ
bio

有么，在么。

ᠪᡳᠮᠪᡳ
bimbi

在字，存字。

ᠣᡳᚼᠣᡵᡳᠣ 了得么,何等的么。
ki semeo 欲要么。
waka semeo 说不是么。
semeo 说么,岂谓。
ki sembio 欲要么。
sembio 说么。
ombio 可以么,使得么,去得么。

ᠣᠵᠣᡵᠠᡴᡡ
o j o r a k v̌ n

此上必用 ᡤᡳ qi 字。不可么，使不得么。

ᠣᠵᠣᡵᠠᡴᡡ
o j o r a k v̌

不么字。乃 ᡵᠠᡴᡡ rakv 作疑问语，在字尾联用。

ᠪᡳᠰᡳᡵᠠᡴᡡ
b i s i r a k v̌

不在。ᠰᡝᡵᠠᡴᡡ s e r a k v̌ 不说。ᡴᡳ ᠰᡝᡵᠠᡴᡡ ki seraǩv 不欲。

ᠣᠵᠣᡵᠠᡴᡡ
o j o r a k v̌

不可，使不得。此上必用 ᡤᡳ qi 字。

ᠰᡳ ᠵᡝᠮᠪᡳᠣ ᠠᡴᡡ
s i jembio akv̌

你吃不吃呵 ᠪᡳ ᠵᡝᡨᡝᡵᠠᡴᡡ bi jeterakv̌，我不吃。

ᠰᡳ ᡤᡝᠨᡝᠴᡳᠨᠠ
s i geneqina

如云：你去罢。ᠪᡳ ᡤᡝᠨᡝᡵᠠᡴᡡ bi generakv̌，我不去。

ᡵᠠᡴᡡ
rakv̌

不字。在字尾联用。

ojorakvngeo 不在的么。此上必用 ㄑ 字。不可的么。ki serakvngeo 不欲要的么。

rakvngeo 不的么字。在字尾联用。

bisirakvngeo 不在的。serakvngeo 不说的。ki serakvngeo 不欲要的。

ojorakvnge 此字上必用 ㄑ 字。不可者，使不得的。

bisirakvn 不在么。serakvn 不说么。ki serakvn 不欲么。

akvnge akv
ᠠᡣᡡᠩᡤᡝ ᠠᡣᡡ 无不。

akv 无字，不字，没有。

如云：

sehekv 未说，没说。

ki sehekv 未欲。

bi taqihakv 我没学过。

taqimbiheo 学来着么

jiheo 来了么

(没有字) 不曾来。

jihekv

来着。

ohakv 未依从，没依从。

bihekv 没有来着，不曾在来着。

dosika biheo 进去来着么

(未字) 没有进去。
dosikakv

添一阿字念。

kakv hakv kekv hekv

此四字俱是未字，不曾字，没有字，在字尾联用。此四 kv 字之上俱要

ᠪᡳᡥᡝᡴᡡ 不曾来着么，没有来着么，没在来着么。

ᡤᠠᠯᠠᡴᠠᡴᡡ 没有晴么。 ᠣᡥᠠᡴᡡ 没依么。 ᡤᠡᡵᡝᡴᡝᡴᡡ 没亮么。 ᠰᡝᡥᡝᡴᡡ 没说么。

此四ᴋᡡ字之上，俱要添一阿字念。

此四字俱是没有么字，不曾么字。乃上四字作疑问语。在字尾联用。

ᡨᡠᠴᡳᡴᡝᡴᡡ 未出，没有出来。

ᠰᠠᠪᡠᡥᠠᡴᡡ 未见，没有看见。

ᠰᡝᡵᠠᡴᡡᠩᡤᡝ ᠠᡴᡡ 没有不说的，无不说。

ᠪᠠ ᠠᡴᡡ 无所有，无处。

seheküngge 未说的。

ki seheküngge 未欲者。

o haküngge 未依的。

bi heküngge 没有来着的，未在来着的。

küngge 字之上，俱要添一阿字念。

haküngge keküngge heküngge 此四字俱是没有了的字，不曾了的字。在字尾联用。此四

kaküngge

yargiyvn 真么，实么。

saiyvn 好么。

akün 没有么，不么。

56

ᠠᡶᠠᠩᡤᠠᠯᠠ / afaŋģala 预先发作。

ᠯᡠᡤᡳᠩᡤᡝᠯᡝ / luqiŋgele 未出之间。

ᠸᠠᠵᡳᠩᡤᠠᠯᠠ / wajiŋģala 未完之间。

ᠵᠠᠪᡩᡠᠩᡤᠠᠯᠠ / jabduŋģala 措手不及。

此二字俱是犹未字，尚未字。在字尾联用。与 ᠣᠨᡩᡝ / onde ᡩᡝ / de 义同。

ᡤᠠᠯᠠ ᡤᡝᠯᡝ / ģala gele

上，俱必加一阿字念。

ᡴᠠᡴᡡᠩᡤᡝᠣ ᡥᠠᡴᡡᠩᡤᡝᠣ ᡥᡝᡴᡡᠩᡤᡝᠣ / kakv̄ŋgeo hakv̄ŋgeo hekv̄ŋgeo

此四字俱是没有了的么字，不曾了的么字。在字尾联用。同

ᠣᠩᡤᠣᠯᠣ oňgolo
ᠵᡠᡵᠠᡵᠠ jurara ᠣᠩᡤᠣᠯᠣ oňgolo
预先字，起身头里，头起身。 ᡳᠰᡳᠨᠵᡳᡵᡝ isinjire ᠣᠩᡤᠣᠯᠣ oňgolo 到来的头里，头来到。

预先字，未曾头里字。在句尾用。

ᡩᠣᡳᡤᠣᠨᡩᡝ doiǧonde
ᡩᠣᡳᡤᠣᠨᡩᡝ doiǧonde ᡳᠰᡳᠨᠠᡥᠠ isinaȟa 预先到了。 ᡩᠣᡳᡤᠣᠨᡩᡝ doiǧonde ᠪᡝᠯᡥᡝᡥᡝ belhehe 预先准备了。

预先字，未先字，未曾头里字。在句首用。

如云：ᡣᡳᠨᡳ yaya temun i oqi o kini：不拘怎么样的罢。

ᠵᡳᡴᡳ seqi u tǎi jikini：若要来就来吧。

由其罢字，任凭他罢字。又叫令、使令他人意。在字尾联用。

ojorakǔ nu 使不得啊。 inu ya 是啊。

bina 有啊，在啊。 wakalarakǔ na 不嗔怪啊。 generakǔ na 不去啊。 gisurerakǔ nu 不说啊。

（注：en 原著中无点） in ao eo io，二头字义实在。

na ne nu ya an en 此四字俱是啊字，口头声气，在句尾用。乃将然已然信而微质疑问之语。比

清文助语虚字注述

ᡨᡝᠴᡳᠨᠠ teqina 坐是罢。坐着罢。

ᡥᡝᠨᡩᡠᠴᡳᠨᠠ henduqina 说是呢。说罢。

ᠵᡝᠴᡳᠨᠠ jeqina 吃是呢。吃罢。

ᡤᡝᠨᡝᠴᡳᠨᠠ geneqina 去是呢。去罢。

ᠪᡳᠴᡳᠨᠠ biqina 存着是呢。有着罢。

ᠰᡝᠴᡳᠨᠠ seqina 说是呢。可说是呢。说罢。

ᠴᡳᠨᠠ qina 是呢字，罢字。在字尾联用。乃使令他人之词。此字向尊长言说不得。

ᡤᡝᠨᡝᡴᡳᠨᡳ genekini 由其去罢。令其去罢。

ᠶᠠᠪᡠᡴᡳᠨᡳ yabukini 由其走罢。叫他走罢。

ᠪᡳᡴᡳᠨᡳ bikini 有去罢。存着罢。

ᠰᡳᠨᡳ ᠴᡳᡥᠠ ᠣᡴᡳᠨᡳ sini qiha okini 任凭你罢。由其作罢、为罢。

如云：

ᠪᠠᡳᠰᡠ baisu 令人求。令人找寻。

ᠸᠠᠰᡳᠨᡠ wasinu 令下去。

ᠸᡝᠰᡳᠨᡠ wesinu 令上去。

ᡤᠠᡳᠰᡠ gaisu 令人拿取。领要。

ᠠᡤᡝ ᠰᡳ ᡠᠪᠠᡩᡝ ᡨᡝᡶᡳ ᠪᡠᡩᠠ ᠵᡝᡶᡠ age si ubade tefi buda jefu（使字令字）你在这里，我去。[阿哥你坐下吃饭]

ᠰᡳᠨᡳ ᠴᡳᡥᠠ ᠣᠰᠣ sini qiha oso（叫字令字）阿哥你坐下吃饭。（令字）由你作。

ᡨᡝᡵᡝᠪᡝ ᡨᡠᡤᡳᠨᡠ terebe tuginu（叫字使字）令他出去。

在字尾联用。

ᠨᡠ ᠰᠣ ᠰᡠ ᡶᡠ nu so su fu 此四字，使令、叫令他人之语。因清话内有一二字之句，即就本话煞尾者，故以此

如云：

ᡥᠠᡥᠠ haha 男人。ᡥᠠᡥᠠᠰᡳ hahasi（们字）男人们。ᠠᡥᡡᠨ ahvn 兄长。ᠠᡥᡡᡨᠠ ahvta（们字）兄长们。ᡩᡝᠣ deo 弟。ᡩᡝᠣᡨᡝ deote 弟们。

ᠠᠮᠪᠠᠨ amban 大人，大臣。ᠠᠮᠪᠠᠰᠠ ambasa（们字）大人们，大臣们。ᡳᡵᡤᡝᠨ irgen 民。ᡳᡵᡤᡝᠰᡝ irgese（们字）民等。

ᠰᠠ sa ᠰᡝ se ᠰᡳ si ᡨᠠ ta ᡨᡝ te 此五字俱是们字，等字，辈字。在字尾联用。（注：复数附加成分）实解 ᠰᠠ sa 字，令人知道。ᠰᡝ se 字，人岁数，马口齿，令人说，又解作子字。ᠰᡳ si 字，你，小夹空儿。ᡨᡝ te 字，如今，令人坐，令人居住。

ᠵᡳ ji ᠵᡳᠣ jio

ᡳᠰᡳᠨᠵᡳ isinji 令人到来。ᠵᡝᡴᡝᠨᠵᡳ jekenji 令人吃来。ᡝᠪᠰᡳ ᠵᡳᠣ ebsi jio 往这们来。ᡠᠪᠠᡩᡝ ᠵᡳᠣ ubade jio 往这里来。

ᠵᡠ ju

令往，往前来字。在字尾联用。与 ᠵᡳᠣ jio 字义同。

如云：

ᡩᠣᠨᠵᡳᡥᠠ (donjihǎ)（凡是字）听见了。ᡩᠣᠨᠵᡳᡥᠠᠯᠠ (donjihǎla)（凡所见闻）凡所见闻。

添加一阿字念，ᠯᡝ (le)字之上，必添加一厄字念。

此二字俱是凡所字，凡是字。乃指凡已经过事物之词。在字尾联用。此 ᠯᠠ (la) 字之上，必

ᠯᠠ ᠯᡝ

ᠯᠠᡴᡩᠠᡥᡡᡵᡳ (lakdahǔri) 齐齐往下垂着。ᡴᡠᠪᠰᡠᡥᡠᡵᡳ (kubsuhuri) 众形粗大。诸物粗大。

ᡤᠣᠩᡤᠣᡥᠣᡵᡳ (gonggohori) 众人无聊闲坐。ᠪᡠᠯᡨᠠᡥᡡᡵᡳ (bultahǔri) 全全叠暴露出。

ᡥᡡᡵᡳ ᡥᠣᡵᡳ ᡥᡠᡵᡳ (hǔri hori huri)

此三字俱是众多形貌之词，在字尾联用。

ᠴᡳᠰᡝ (qise)（子字）池子。ᠮᠠᠰᡝ (mase)（子字）麻子。ᡩᠠᠨᠰᡝ (danse)（子字）档册档子。ᡥᡡᠰᡝ (hǔse)（子字）胡子。

如云：

ᠨᡳᠶᠠᠯᠮᠠ ᡨᠣᠮᡝ ᠪᠣᠰᠣ ᡳᠯᠠᡨᠠ ᡴᡠᠪᡠᠨ ᡝᠮᡨᡝ ᡤᡳᠨ ᡠᠯᡤᡳᠶᠠᠨ ᠶᠠᠯᡳ ᠵᡠᠸᠠᠨ ᡳᠯᠠᡨᠠ ᠶᠠᠨ ᡠᡶᠠ ᠵᡠᠸᡝᡨᡝ ᡤᡳᠨ ᠪᠠᡥᠠ᠉

niyalma tome boso ilata kubun emte gin ulgiyan yali juwan ilata yan ufa juwete gin baha

每人各得布三疋，绵一斤，猪肉十三两，面二斤。

此三字俱是每字，各字。在字尾联用。（注：黏附在数词词根后构成分配数词）

ᡨᠠ ᡨᡝ ᡨᠣ
ta te to

ᡩᡠᠯᡝᡴᡝ
duleke
过去了

ᠪᡳᠰᡳᡵᡝ
bisire
有，在

ᡳᠰᡳᠨᠠᡥᠠ
isinaha
到去了

ᡩᠣᠨᠵᡳᡥᠠᠯᠠ ᡠᡵᠰᡝ ᡠᡵᡤᡠᠨᠵᡝᡵᠠᡴᡡᠩᡤᡝ ᠠᡴᡡ
donjihala urse urgunjerakūngge akū
（凡所字）闻者莫不喜悦。

ᠠᠮᠪᠠ ᠴᠣᠣᡥᠠ ᡩᡠᠯᡝᡴᡝᠯᡝ ᠪᠠ ᡳ ᠪᠠᡨᠠ ᡠᡵᠰᡝ ᠣᠴᡳ ᡩᠠᡥᠠᠨᠵᡳᡵᠠᡴᡡᠩᡤᡝ ᠠᡴᡡ
amba cooha dulekele ba i bata urse oci dahanjirakūngge akū
（凡所字）大兵所过之处敌人无不投顺。

ᡩᡠᠯᡝᡴᡝᠯᡝ（凡是字）凡所过。

ᠪᡳᠰᡳᡵᡝᠯᡝ（凡是字）凡所有，凡所在。

ᡳᠰᡳᠨᠠᡥᠠᠯᠠ（凡是字）凡所到去了。

ᡩᠠᡵᡳ dari

每字，遭遭字。在字尾联用。乃重上字之词。

如云：

ᡝᡵᡝ ere ᠪᡳᡨᡥᡝ bithe ᠪᡝ be ᠪᡳ bi ᠰᡠᠨᠵᠠ sunja ᠮᡠᡩᠠᠨ mudan ᡠᡵᡝᠪᡠᡥᡝ urebuhe 》（遍字）这本书我温过五遍了。

ᠪᡳ bi ᡝᠮᡠ emu ᠮᠠᡵᡳ mari ᡤᠠᠪᡨᠠᡥᠠ gabtaha ᡳᠯᠠᠨ ilan ᠮᡠᡩᠠᠨ mudan ᠨᡳᠶᠠᠮᠨᡳᠶᠠᡥᠠ niyamniyaha 》（遭字回字）我射了一回步箭，三荡马箭。

ᠰᡳ si ᡠᡩᡠ udu ᠮᡠᡩᠠᠨ mudan ᡤᠠᠪᡨᠠᡥᠠ gabtaha ᠨᡳᠶᠠᠮᠨᡳᠶᠠᡥᠠ niyamniyaha 》（回字）你射了几回马箭，步箭。

ᠮᠠᡵᡳ mari 令人折回。

音韵，弯子，搓的弯条饽饽。

ᠮᡠᡩᠠᠨ mudan ᠮᠠᡵᡳ mari

此二字俱是次字，遍字，遭字，回字，荡字。在句中单用（注：量词）。实解：ᠮᡠᡩᠠᠨ mudan 字

ᡤᡡᠰᡳᡨᠠ ǵvsita 每各三十。ᠰᡠᠰᠠᡳᡨᠠ susaita 每各五十。ᡠᠶᡠᠨᠵᡠᡨᡝ uyunjute 每各九十。ᡨᠣᡶᠣᡥᠣᡨᠣ tofohoto 每各十五。

清文助语虚字注述

tome 每人，人人。haqin tome 每样，样样。

每字。在句中单用。乃重上字之词。

geri

emteŋgeri 各一次，各一遍。emu udunggeri 一次，一遍。juwenggeri 二次，两遭。ilanggeri 三次，三遭。duinggeri 四次，四遭。

次字，遭字，遍字。在字尾联用。（注：除 emgeri 外，其他情况在基数词根后联用 hgeri）

inenggidari 每日，日日。erindari 每时，时时。

如云：bi mudandari genehede gemu imbe ucarabuha bihe（每字）我遭遭去，都碰见他来着。

ᡨᡝᡥᡝ ᠠᠯᡳ�719ᠠᡥᠠᠪᡳ
te he aliyahabi
（尽着字）坐候。ᠣ ᡥᠣᡳ o hoi 了不止。作不止。ᠪᡳᡥᡝᡳ bihei 尽着有。只管在。

如云：

ᡶᡝᡴᠰᡳᡥᡝᡳ ᠵᡳᠣ
feksihei jio
（不止字）跑了来。

ᡩᡝᠨᠵᠠᠨ ᡩᠠᠪᡠᡥᠠᡳ ᡤᡝᡵᡝᠪᡠᡥᡝ
denjan dabuhai gerebuhe
（不止字）秉烛达旦。ᡤᠣᠯᠣᡥᠣᡳ ᡤᡝᡨᡝᡥᡝ golohoi getehe （只管字）惊醒了。

ᠶᠠᠪᡠᡥᠠᡳ ᠠᡴᡡᠨᠠᡥᠠᠪᡳ
yabuhai akvnahabi
（不止字）走到尽头了。

此三字俱是只管字，尽着字，不止字。在字尾联用。乃不停长往之词。

如云：

ᡥᠠᡳ ᡥᠣᡳ ᡥᡝᡳ
hai hoi hei

ᡝᡵᡝ ᠰᠠᡳᠨ ᠵᡳᠶᠠ
ere sain jiya
这个好啊。ᠮᡠᠰᡝ ᡠᡨᡥᠠᡳ ᠶᠠᠪᡠᠮᡝ ᠵᡳᠶᡝ muse uthai yabume jiye 咱们就走啊。ᠠᠪᠰᡳ ᠰᠠᡳᠨ ᠵᡳᠶᡝ absi sain jiye 很好啊。

ᠵᡳᠶᠠ ᠵᡳᠶᡝ
jiya jiye

此二字俱是啊字。乃口头气声未然之词。在字尾协上字韵用之。

如云：

buqetei ᠪᡠᡴᡝᡨᡝᡳ 抵死。往死里的。

ergeletei ᡝᡵᡤᡝᠯᡝᡨᡝᡳ 强压迫。立逼着。

biretei ᠪᡳᡵᡝᡨᡝᡳ 普遍。普里一概。

farxatai ᡶᠠᡵᡥᠠᡨᠠᡳ 奋力拼。尽弃舍。

waliyatai ᠸᠠᠯᡳᠶᠠᡨᠠᡳ 紧闭。难开。

baŋa baŋai ᠪᠠᡥᠠ ᠪᠠᡥᠠᡳ 只以得的不思即行。

nambuŋa nambuŋai ᠨᠠᠮᠪᡠᡥᠠ ᠨᠠᠮᠪᡠᡥᠠᡳ 只以遇着、逢着，不思即行。

buqetei daŋaraqv ᠪᡠᡴᡝᡨᡝᡳ ᡩᠠᡥᠠᡵᠠᡴᡡ 抵死不从。

ergeletei gamaŋa ᡝᡵᡤᡝᠯᡝᡨᡝᡳ ᡤᠠᠮᠠᡥᠠ（极尽意）立逼着拿去了。

yakšitai obuŋa ᠶᠠᡴᡧᡳᡨᠠᡳ ᠣᠪᡠᡥᠠ 弄得闭口无言。

ejen be weilere de beyebe waliyatai ome mutere ᡝᠵᡝᠨ ᠪᡝ ᠸᡝᡳᠯᡝᡵᡝ ᡩᡝ ᠪᡝᠶᡝᠪᡝ ᠸᠠᠯᡳᠶᠠᡨᠠᡳ ᠣᠮᡝ ᠮᡠᡨᡝᡵᡝ（极尽意）事君能致其身。

inu waqa be bodoraqv nambuŋai uthai gisurembi ᡳᠨᡠ ᠸᠠᡴᠠ ᠪᡝ ᠪᠣᡩᠣᡵᠠᡴᡡ ᠨᠠᠮᠪᡠᡥᠠᡳ ᡠᡨᡥᠠᡳ ᡤᡳᠰᡠᡵᡝᠮᠪᡳ 不论是不是，挠把住的就说。

此三字俱是些须不留极尽之词。在字尾联用。

ŋai tai tei ᡥᠠᡳ ᡨᠠᡳ ᡨᡝᡳ

sehei ᠰᡝᡥᡝᡳ 只管说。正说未止。

ki sehei ᠺᡳ ᠰᡝᡥᡝᡳ 正欲未止。

ᠪᠠᡳᠪᡳ baibi

平白的字。白白的字。在句首用。

ᠪᠠᡳ bai

如云：

ubade suwembe baitalara ba akv be dahame gemu gene
(罢呀字)这里没有用你们的处，都去罢呀。

age meni boode darifi qai omifi jai geneqina
阿哥到我们家，喝了茶再去罢。

职，是个白人。

age sini beyede ne aika hafan bio
阿哥你身上现有什么官职么。

si ainame jihe
你作什么来了。

bai jimbi
(白字)白来了。

hafan akv bai niyalma
(白字)没官

joo bai
(罢呀字)罢呀。

ᠪᠠᡳ bai

在句首用是闲常白字。在句尾用是罢呀字，乃口头声气之词。

ᠴᡠᠨ qun

事字意,在字尾联用。

basuqun 话把儿。 joboqun 愁苦事。
suilaqun 劳苦事。 tarǧaqun 戒忌事。
akǎqun 伤心事 ǧvtuqun 玷辱事,玷累事。

ᠴᡠᠨ qun

baibi jiha be eiterebufi ǧamabuha》（白白的字）白白的被他哄了钱去。
baibi aiseme gisurembi》（平白的字）平白的说什么。
baibi terebe jonofi ainambi》（平白的字）平白的提他作什么。

如云：

如云：

ᡩᡝᡵᡝ ᡩᡝ ᡩᠠᡥᠠᡤᠠᡵᡝ qibe，ᡩᠣᠯᠣᡵᡳ ᡝᠪᡝᠯᡝᡵᠠᡴᡡ（虽或字）面上随从，心中不悦。

虽字意。又虽或字。此上若有 udu 字照应，乃实在虽然字。在字尾联用。

ᡨᡝᠴᡳᠪᡝ iliqibe ᡤᡝᠮᡠ elhe akv（虽或字）坐立不安。

debsehun 眼皮下垂。 gekdehun 骨瘦如柴形。

bultahvn 叠暴露出状。 subuhvn 半醉微醒貌。

morohon 眼圆睁貌。 godohon 直竖竖貌。

hon hvn hun 此三字俱是形貌形状景儿之词。在字尾联用。

如云：

ᡠᡩᡠ ᠮᡝᠩᡤᡠᠨ ᠵᡳᡥᠠ ᠪᡳᠴᡳᠪᡝ ᡥᠠᡳᡵᠠᠮᡝ ᠪᠠᡳᡨᠠᠯᠠᡵᠠᡴᡡ (*虽然字*) 虽有银钱，舍不得用。

注：表示让步关系的连词。

虽字，若下有 ᠰᡝᠮᡝ 字应之，是虽然说了字。在句首用。实解几个，若干，多少。

ᠰᡝᠮᡝ 虽字，若下有 ᠴᡳᠪᡝ 字应之，是虽然字。下有 ᠰᡝᠮᡝ 字应之，是虽然说字。下有 ᠰᡝᡥᡝ

ᠰᡝᠴᡳᠪᡝ ᡴᡳ ᠰᡝᠴᡳᠪᡝ 虽说。虽欲。

ᡨᡠᡨᡨᡠ ᠪᡳᠴᡳᠪᡝ ᡨᡝ ᠪᡳᠴᡳᠪᡝ 虽那样，故虽。今虽，今夫，即或，现今，譬如今。

ᠠᠪᠰᡳ ᠣᠴᡳᠪᡝ ᠪᡳᠴᡳᠪᡝ 凭他怎么。虽有，虽在，虽或。ᠠᡨᠠᠩᡤᡳ ᠪᡳᠴᡳᠪᡝ 终久。

ᡝᡳᠴᡳᠪᡝ 凭他怎样，或是怎么。

ᠣᠴᡳᠪᡝ ᠠᡳ ᠣᠴᡳᠪᡝ 虽可，虽为，虽则，虽或。凭他什么，不拘什么。

虽而字，虽又字，虽亦字。

注：表示转折关系的连词。

如云：

ᠴᡳᡵᠠ ᠪᡝ ᡨᠠᡴᠠᡵᠠ ᡤᠣᠵᡳᠮᡝ᠈ ᠮᡠᠵᡳᠯᡝᠨ ᠪᡝ ᠰᠠᡵᡴᡡ
qira be takara gojime, mujilen be sarkv

ᡤᠣᠵᡳᠮᡝ
gojime

（虽而字）知面不知心。

ᠪᠠᡨᡠᡵᡠ ᡤᠣᠵᡳᠮᡝ ᠪᠣᡩᠣᡥᠣᠨ ᠠᡴᡡ
baturu gojime bodohon akv

（虽而字）勇而无谋。

ᠰᡳ ᡩᠠᠮᡠ ᡝᠮᡴᡝᠨ ᠪᡝ ᠰᠠᡥᠠ ᡤᠣᠵᡳᠮᡝ᠈ ᠵᡠᠸᡝ ᠪᡝ ᠰᠠᡵᠠ ᡠᠨᡩᡝ
si damu emken be saha gojime, juwe be sara unde

（虽亦字）尔但知其一，未知其二。

虽而字，虽又字，虽亦字。又不过如是而已之词。在句中用。

ᠰᡝᡥᡝ ᠰᡝᠮᡝ
sehe seme

ᠪᡳ ᡠᡵᡠᠨᠠᡴᡡ ᡨᠠᠴᡳᡥᠠᠪᡳ ᠰᡝᠮᠪᡳ
bi urunakv taqihabi sembi

ᡠᡩᡠ ᡨᠠᠴᡳᡥᠠᡴᡡ
udu taqihakv

（虽然说了字）虽曰未学，吾必谓之学矣。

ᡳ ᠴᡳᡥᠠᡴᡡ ᠪᡝ ᡩᠠᡥᠠᠮᡝ᠈ ᡠᡩᡠ ᡤᡳᠰᡠᡵᡝᡥᡝ ᠰᡝᠮᡝ ᡳᠨᡠ ᡩᠠᡥᠠᡵᠠᡴᡡ
i qihakv be dahame, udu gisurehe seme inu daharakv

（虽然说字）他既不愿意，虽然说了也是不依。

73

eitereqibe sain bime geli tusa baharambi

（总而言之字）总而言之又好又得便宜。

eitereqibe gemu inu

（大抵字）其皆是。

如云：总而言之字，大抵字，大凡字。在句首用。实解虽欺哄。

eitereme gisurehe seme oron herserakv

（凭管怎么字）凭管怎么说，总是不理。

如云：凭管怎么字。乃只管尽力之词。在句首用。实解欺哄。

如云：

se tele 说至，说到。

wajitala 至于，完毕。

o tolo 至于。

moȟotolo 至于穷尽。

qembe hendutele yala utȟai jihe 正才说他们，果然就来了。

isitala 至于。

bitele 至于有。

不误了事么。

jiȟ erin oȟobi geli sini boode isinaiala baita be tooȟaburakv̄n （至到字）正是时候了，再到你家去，

注：动词直至副动词附加成分，构成的词汇做状语。

tala / tele / tolo 此三字俱是至字，到字。在字尾联用。

bisire ayoo 恐其有，恐其在。serahv ki serahv 恐欲。

ojorahv ayoo 恐其可以。ojoro ayoo 恐其可以。bisirahv 恐其有，恐其在。

坏人再来。

damu sain niyalma jiderahv ojorahv ehe niyalma geli jidere ayoo sembi

ama eme damu nimerahv seme jobombi 》（恐其字）父母唯其疾之忧。

》（恐其字恐怕字）恐怕好人不来，

如云：

尾联用。

rahv ayoo 此二字俱是恐其字，恐怕字。ayoo 在句尾单用，上必用 ra re ro 等字。rahv 在字

如云：

siderembi 栓绊马。 sidereshun 足微拘绊。 neňgelembi 支搁,支撑。 neňgereshun 略支搁支撑。

exen 斜。 exemeliyan 微斜不正。 yamji 晚晌。 yamjishvn 傍晚些。 aibimbi 肿。 aibishvn 微肿。

ajige 小。 gjigesi 小些的。 amba 大。 ambakasi 大些的。 adali 像一样。 adaliliyan 略像,微似。

foholon 短。 foholokon 短些。 elhe 缓慢。 elheken 慢慢的,缓慢些。 sektu 伶透。 sektuken 略伶透。

hvdun 快。 hvdukan 略快些。 labdu 多。 labdukan 略多些。 komso 少。 komsokon 略少些。

注：表示较弱程度的程度副词附加成分。

kan kon ken si liyan shvn shen

此七字俱是微字,略字,些字。又重上字之词。在字尾联用。

goŋgimbi 使人去取。

tuwaŋgi 使人去看。

uŋgimbi 遣去，发去。

boŋgimbi 使人去送。

此四字俱是遣使之词。在句中用。

如云：

banjime saka 才生下。

sebkesaka 罕见，新近才。

teni jaka 一见，将看见。

hoqikon saka 好好儿的。

isiname jaka 才将，适才。

ğolmin saka 长长的。

geneme saka 临将去。

实解 *jaka* 字：物件，缝子。*saka* 字：鲊脍。*jaka saka* 字：容容易易。

此二字俱是将字，才字。又重上字之词。在句尾用。

78

如云：ᠰᡳ ᠪᡠᠴᡳ tetendere、 ᠪᡳ ᡥᡠᡴᡧᡝᠮᡝ ᡤᡡᠨᡳᡥᠠ ᠰᡝᠮᡝ ᠸᠠᠵᡳᡵᠠᡴᡡ"（既字）你既肯给，我感念不尽。

既字。在句尾用。乃设言未然之语。此上必用 ᠴᡳ qi 字。

如云：geneki sere be daħame、 ᡠᡨᡥᠠᡳ ᠶᠣᡴᡳ ᡩᡝᡵᡝ"（既是字）既是说要去，就去罢。

家里来，空空的打发去的规矩有么。

用 ra re ro 等字，是既是字。乃系随上直下未然之词。在句尾用。

suwe emgeri meni boode isinjiħa be daħame、 ᡠᠨᡨᡠᡥᡠᠨ ᠰᠠᡴᠠ ᡠᠩᡤᡳᡵᡝ ᡴᠣᠣᠯᡳ ᠪᡳᠣ"（既已字）你们既然到了我们

如上用 ka ha ko ko ke he 等字，是既然字，既已字。乃随上直下已然之语。如上

如云：

ohǒ maṅgi 了之后，作了之后。behe maṅgi 有来着之后，在来着之后。

niyalmai yanduhǎ be alime gaisu maṅgi geli weri i baita be duhemburakv 人之事。

baita mutebuhe maṅgi ujeleme baniha arame buki（了之后字）事成之后，重重相谢。

xolo baha maṅgi teni tuwanambi（了之后字）得了功夫，才去看。

言已然承上起下之词。

了之后字，而后字，既而字。此字之上必用 kahakǒ hǒ ke he 等字。在句尾用。乃设

maṅgi 了之后字，而后字，既而字。

jiqi teitendere belheqi aqambi（既字）既来，该当预备。

ᡴᡠᠸᠠ ᡴᡠᡴᡝ

此二字俱是可字，堪字。在字尾联用。

ᠨᠠᡣᡡ

既而字。在字中用。

ᠣᠰᠣ ᠨᠠᡣᡡ

既而，既令作。

ᠰᡝ ᠨᠠᡣᡡ

既说叫令。

如云：

qanaĝi simbe alime ĝaisu sefi eneĝi jio naḱv si geli aŋĝa ubaliyafi alime ĝairaḱv sembi

前日说了令你应承，今日叫了来，你又改变了嘴，说不应承。

（既而来字）

ᠰᡝᡥᡝ ᠮᠠᠩᡤᡳ

说了之后。

ᠰᡝᡥᡝ ᠮᠠᠩᡤᡳ

既说、叫令之后。

ᡣᡳ ᠰᡝᡥᡝ ᠮᠠᠩᡤᡳ

欲要之后。

ᠣᠰᠣ ᠮᠠᠩᡤᡳ

既而、既令作之后。

如云：ᠢᠨᡳ ᠪᡝᠶᡝᡳ teile tubade bimbi（止字）寡他自己在那里。

者，乃系成语，不在此例。

ᡨᡝᡳᠯᡝ teile 止字，独字，寡字，单是字，偏字，尽字。在句中用。此上必用 ᠊ᡳ 字。如有不用 ᠊ᡳ 字

ᡶᠠᠨᠴᠠᠴᡠᡴᠠᠩᡤᠠ fancaqukaṅga ᡶᡝᡵᡤᡠᠸᡝᠴᡠᡴᡝᠩᡤᡝ ferguwequkeṅge 可气的。可奇的。

ᠴᡠᡴᠠᠩᡤᠠ ᠴᡠᡴᡝᠩᡤᡝ cukaṅga cukeṅge 此二字俱是可的字，堪可的字。在字尾联用。

ᠣᡳᡥᠣᠴᡠᡴᠠ oihoquka ᡤᡝᠯᡝᠴᡠᡴᡝ geleque 可畏。可怕，厉害。注：ᠣᡳᡥᠣᠴᡠᡴᠠ 原文写作 ᠣᡳᡤᠣᠴᡠᡴᠠ。原文尚有 ᠣᡳᡤᠣᠮᠪᡳ oiǧombi（畏惧）的不同变化形式也将其中的 ᡤ 写作 ᡥ。查《五体清文鉴》《御制增订清文鉴》及满汉辞典等，均无 ᠣᡳᡤᠣᠮᠪᡳ oiǧombi 这种写法。因此本书均做了相应的更改。

如云：

ᠰᡝᠮᡝ ᡤᡝᠮᡠ ᠪᠠᡳᡨᠠᡴᡡ
seme gemu baitakū

（尽字）倘或不是义理上该得的财帛，人总然怎么样的尽着力量谋求，都是不中用。

ᠠᡳᡴᠠᠪᠠᡩᡝ ᠵᡠᡵᡤᠠᠨ ᡤᡳᠶᠠᠨ ᡩᡝ ᠪᠠᡥᠠᠴᡳ ᠠᠴᠠᡵᠠ ᡠᠯᡳᠨ ᠸᠠᡴᠠ ᠣᠴᡳ ᠨᡳᠶᠠᠯᠮᠠ ᡠᡩᡠ ᠠᡳ ᡥᠠᠴᡳᠨ ᡳ ᡥᡡᠰᡠᠨ ᡳ ᡝᠪᠰᡳᡥᡝ ᡴᡳᠴᡝᠮᡝ ᠪᠠᡳᡥᠠ
aikabade jurgan giyan de bahaci acara ulin waka oci niyalma udu ai hacin i hūsun i ebsihe kiceme baiha

尽字。在句中用。此上必用ᡳ字。

ᡝᠨᡝᠩᡤᡳ ᡨᡝᡳᠯᡝ
eneŋgi teile

尽其所知。偏是今日。

ᠪᡳᠰᡳᡵᡝᡳ ᡨᡝᡳᠯᡝ
bisirei teile

尽其所有。

ᠮᡳᠨᡳ ᡨᡝᡳᠯᡝ
mini teile

尽能，尽量。

ᠰᠠᡥᠠ ᡳ ᡨᡝᡳᠯᡝ
saha i teile

止此，寡这个。

ᡝᡵᡝ ᡨᡝᡳᠯᡝ
ere teile

独是我。

ᠮᡠᡨᡝᡵᡝᡳ ᡨᡝᡳᠯᡝ
muterei teile

ᡝᡵᡝ ᠪᠠᡳᡨᠠ ᠪᡝ ᠪᡳ ᠮᡠᡨᡝᡵᡝᡳ ᡨᡝᡳᠯᡝ ᠰᡳᠨᡳ ᠵᠠᠯᡳᠨ ᡤᡳᠰᡠᡵᡝᠮᡝ ᡨᡠᠸᠠᡴᡳ
ere baita be bi muterei teile sini jalin gisureme tuwaki

（尽字）这个事我尽着量儿为你说着看。

如云：

ere gesenǧe oqi ainqi bidere

ainqi baitalaqi ombi
dere

ainqi（盖字）若像这个样儿的，想必有罢。

（想必字）想是用的罢。

想是字，想必字，情敢字，盖字。在句首用。此下必用 dere 字应之。

如云：

dule uttu niǩai

dule si ubade bifi niyalmai baru gisurembi ni niǩai

dule（原来字）原来是这样呢啊。

（原来字）原来是你在这里和人说话呢。

原来字。在句首用。此下必用 ni niǩai 等字应之。

如云：

ᠪᡳᡩᡝᡵᡝ bidere 想是有罢，想是在罢。

ᠸᠠᡴᠠ ᡩᡝᡵᡝ wakā dere （想是罢字）想必不是罢。

ᠣᠮᠪᡳᡩᡝᡵᡝ ombidere （想是罢字）想是可以罢，想是使得罢。

ᠠᡳᠨᠴᡳ ᠵᡠᠯᡤᡝᡳ ᡩᠣᡵᠣ ᡠᡨᡥᠠᡳ ᡠᡨᡨᡠ ᡩᡝᡵᡝ ainqi julgei doro uthai uttu dere （想是罢字）想必古礼就是这样罢。

ᡨᡝᡵᡝ tere 字照应。亦有不用者，乃省文之意耳。实解：方面，脸，桌子。

ᠠᡳᠨᠴᡳ ainqi 字，使得罢字、耳字。乃想是这样罢猜度之语。在句尾单用联用俱可。此上必用

如云：

ᠵᡳᠮᠪᡳ ᠠᡳᠰᡝ jimbi aise （想是字）想必来。

ᡤᡝᠨᡝᡥᡝ ᠠᡳᠰᡝ genehe aise （情敢字）想是去了。

ᠠᡳᠰᡝ aise 想是字，想必字，情敢字。乃想当然煞尾之词。与 ᠠᡳᠨᠴᡳ ainqi 字同义。

如云：ᠮᡳᠨᡩᡝ ᠪᡠᡴᡳ ᡠᡨᡥᠠᡳ ᠸᠠᠵᡳᡥᠠ minde buqi utȟai wajihǎ（完了字）给我就罢了。

完了字，罢了字。在句尾用。此上必用 ᡴᡳ qi 字照应。实解：完毕了。

如云：ᠰᡳᠨᡳ ᠪᡝᠶᡝ ᡤᡝᠨᡝᡴᡳ ᠰᡝᡵᡝ ᡩᠠᠪᠠᠯᠠ ᠸᡝ ᠰᡳᠮᠪᡝ ᡤᡝᠨᡝ ᠰᡝᡥᡝ sini beye geneki sere dabala we simbe gene sehe（罢咧字）是你自己说要去罢咧，谁说叫你去。

ᠰᠠᡳᠨ ᡩᠠᠪᠠᠯᠠ sain dabala 好罢咧。

用者，乃系成语。

ᡩᠠᠪᠠᠯᠠ dabala

罢咧字。乃不过是这样罢咧，决定之词。在句尾用。此上必用 ᡵᠠ ᡵᡝ ᡵᠣ ra re ro 等字。如有不

ᠰᡝᠮᠪᡳᡩᡝᡵᡝ sembidere 想是说罢。ᡴᡳ ki ᠰᡝᠮᠪᡳᡩᡝᡵᡝ sembidere 想是欲要罢。

ᠪᠠᡩᡝ bade

还字，尚且字。又巳字，犹巳字。在句尾用。此上必用 ᡥᠣᠨᠣ hono 字照应。实

如云：

ᠪᡳ bi ᡥᠣᠨᠣ hono ᠠᡳ ai ᡤᡝᠯᡥᡠᠨ gelhun ᠠᡴᡡ akv ᡤᡝᠨᡝᡵᠠᡴᡡ generakv ᠰᡝᡵᡝ sere ᠪᠠᡩᡝ bade ᠰᡳᠮᠪᡝ simbe ᠠᡳ ai ᡥᡝᠨᡩᡠᡵᡝ hendure ， （还字）我还不敢说不去，何况你。

解：地方上。

ᡥᠣᠨᠣ hono

还字，尚且字。犹且字。在句首用。此下必用 ᠪᠠᡩᡝ bade ᠠᡳ ai ᡥᡝᠨᡩᡠᡵᡝ hendure ᠮᡠᠵᠠᠩᡤᠣ mujango ᠪᡳᠣ bio ᠣᠮᠪᡳᠣ ombio 等字

如云：

ᡥᠣᠨᠣ hono ᠮᡳᠴᡠᠮᡝ micume ᠪᠠᡥᠠᠨᠠᡥᠠᡴᡡ bahanahakv ᠪᠠᡩᡝ bade ， ᡠᡨᡥᠠᡳ uthai ᡶᡝᠯᡳᠶᡝᡵᡝ feliyere ᠪᡝ be ᡨᠠᠴᡳᠮᠪᡳᠣ tacimbio 。（还字尚且字）还没会爬，就学走么。

应之。

清文助语虚字注述

如云：

ᡝᠨᡩᡠᡵᡳᠩᡤᡝ ᠨᡳᠶᠠᠯᠮᠠ ᠰᡝᠮᡝ ᡥᠣᠨᠣ ᡴᡳᠴᡝᠮᡝ ᡨᠠᠴᡳᡴᡳ ᠰᡝᡵᡝ ᠪᠠᡩᡝ᠈ ᠠᡵᠰᠠᡵᡳ ᠨᡳᠶᠠᠯᠮᠠ ᠪᡝ ᠠᡳ ᡥᡝᠨᡩᡠᡵᡝ
enduriŋge niyalma seme hono kiçeme taçiki sere bade, arsari niyalma be ai hendure

(何况字）圣人尚欲勤学，何况寻常平等之人。

何况字，而况字，莫说字，别说字，说什么字。在句尾用 ᠪᡝ be 字。此上必用 ᠠᡳ ai ᡥᡝᠨᡩᡠᡵᡝ hendure（何况字）。

ᠰᠣᡴᡨᠣᡥᠣ ᠪᠠᡩᡝ
soktoho bade

（还已字）犹已醉着。

ᡤᡝᠨᡝᡥᡝ ᠪᠠᡩᡝ
genehe bade

（犹已字）犹已去了。

ᠠᠮᠪᠠ ᠨᡳᠶᠠᠯᠮᠠ ᡥᠣᠨᠣ ᠣᠯᡥᠣᡵᠣ ᠪᠠᡩᡝ ᠪᡠᠶᠠ ᠵᡠᠰᡝ ᡤᡝᠯᡝᡵᠠᡴᡡ ᠰᡝᡵᡝ ᡩᠣᡵᠣ ᠪᡳᠣ
amba niyalma hono olhoro bade buya juse geleraků sere doro bio

（注：原文为 ᠣᠯᡤᠣᡵᠣ olġoro）（犹且字）大人尚且畏惧，小孩子们不怕的理有么。

埋怨于事后，不如小心于起初。

ᠰᡝᡵᡝ aňğala

ᡨᡝᡵᡝ aňğala

况且字，不独那样字，不但那样字，强如那样字。在句首用。

baita xanğafi jabqara aňğala deribure onğolo olhoxoro

（注：原文为 olğoxoro de isiraků"（强如字）与其

"（强如字）这样的行，强如名声不

uttu yabuqi gebu algin de ehe ojoro aňğala yaburaků de isiraků

好，不如不行。

isiraků 字应之。实解：家口。

如云：

aňğala 与其字，不但字，不惟字，强如字。在句尾用。此上必用

ra re ro 等字。此下必用

如云：

ᠰᡳᠮᠨᡝᠮᠪᡳ *simnembi* 考。 ᠰᡳᠮᠨᡝᠨᡝᠮᠪᡳ *simnenembi* （去字）去考。

ᠠᠯᠠᠮᠪᡳ *alambi* 告诉。 ᠠᠯᠠᠨᠠᠮᠪᡳ *alanambi* （去字）去告诉。

ᠡᠪᡳᡧᡝᠮᠪᡳ *ebixembi* 洗澡。 ᠡᠪᡳᡧᡝᠨᡝᠮᠪᡳ *ebixenembi* （去字）去洗澡。

ᠰᠣᠯᡳᠮᠪᡳ *solimbi* 请。 ᠰᠣᠯᡳᠨᠠᠮᠪᡳ *solinambi* （去字）去请。

注：动词去向态附加成分。

ᠨᠠ ᠨᡝ ᠨᠣ *na ne no*

此三字俱是去字，又生出字，生长字，成字。在字中协上字韵联用。

如云：

ᠠᡵᠰᠠᡵᡳ ᡤᡠᡤᡠᠰᡝ ᠣᡴᡳ ᡝᠨᡩᡝᠪᡠᡴᡠ ᠪᡝ ᠰᠠᡥᠠ ᠮᠠᠩᡤᡳ ᡨᠠᡶᡠᠯᠠᡵᠠᡴᡡ *arsari guguse oqi endebuku be saha manggi tafularakv* 了过失，不但说不劝，反倒笑话。

ᠰᡝᡵᡝ ᠠᠩᡤᠠᠯᠠ *sere anggala* ᠨᡝᠮᡝᠮᡝ ᠪᠠᠰᡠᠮᠪᡳᡴᠠᡳ *nememe basumbikai* 若是平常朋友们知道

ᡨᠠᡥᠠᠨ ᠪᡝ ᠶᠠᡵᡤᡳᠶᠠᠨ ᠣᠪᡠᡴᡳ ᠣᠵᠣᡵᠠᡴᡡ *taxan be yargiyan obuqi ojorakv* 以虚作实使不得， ᠶᠠᡵᡤᡳᠶᠠᠨ ᠪᡝ ᡨᠠᡥᠠᠨ ᠣᠪᡠᡴᡳ ᡳᠨᡠ ᠣᠵᠣᡵᠠᡴᡡ *yargiyan be taxan obuqi inu ojorakv* 以实作虚也使不得。

ᠰᡝᡵᡝ ᠠᠩᡤᠠᠯᠠ *sere anggala* （且莫说字）不但说

ᠨᡝ

来字。在字中联用。

注：动词来向态附加成分。

birai ǧolo ᠪᡳᡵᠠᡳ ᡤᠣᠯᠣ 河道。ǧolonoȟo ᠤᠯᠣᠨᠣᡥᠣ（成字）中流未冻，成了河道。

ȟoȟo ᡥᠣᡥᠣ 豆角，又一嘟噜子。ȟoȟonombi ᡥᠣᡥᠣᠨᠣᠮᠪᡳ（长字）长豆角，长嘟噜子。

eifun ᡝᡳᡶᡠᠨ 鬼饭疙瘩。eifunembi ᡝᡳᡶᡠᠨᡝᠮᠪᡳ（长字）长鬼饭疙瘩。

umiyaȟa ᡠᠮᡳᠶᠠᡥᠠ 虫子。umiyaȟanambi ᡠᠮᡳᠶᠠᡥᠠᠨᠠᠮᠪᡳ（长字）生虫子。

banjimbi ᠪᠠᠨᠵᡳᠮᠪᡳ 生长，过活。banjinambi ᠪᠠᠨᠵᡳᠨᠠᠮᠪᡳ（生字）生出，去过活。

suihe ᠰᡠᡳᡥᡝ 穗子。suihenembi ᠰᡠᡳᡥᡝᠨᡝᠮᠪᡳ（长字）长穗子。

boxombi ᠪᠣᡣᠣᠮᠪᡳ 催。boxonombi ᠪᠣᡣᠣᠨᠣᠮᠪᡳ（去字）去催。

okdombi ᠣᡴᡩᠣᠮᠪᡳ 迎接。okdonombi ᠣᡴᡩᠣᠨᠣᠮᠪᡳ（去字）去迎接。

如云：ᡝᡶᡳᠮᠪᡳ efimbi 玩耍。ᡝᡶᡳᠴᡝᠮᠪᡳ efiqembi 大家玩耍。ᡳᠨᠵᡝᠮᠪᡳ injembi 笑。ᡳᠨᠵᡝᠴᡝᠮᠪᡳ injeqembi 一齐笑。ᠣᠮᡳᠮᠪᡳ omimbi 喝，饮。ᠣᠮᡳᠴᠠᠮᠪᡳ omiqambi 共饮。ᡳᠯᡳᠮᠪᡳ ilimbi 站立。ᡳᠯᡳᠴᠠᠮᠪᡳ iliqambi 大家站立。ᡴᡳᠴᡝᠮᠪᡳ kiqembi 勤勉。ᡴᡳᠴᡝᠨᡩᡠᠮᠪᡳ kiqendumbi 互相勤勉。ᠠᡳᠰᡳᠯᠠᠮᠪᡳ aisilambi 帮助。ᠠᡳᠰᡳᠯᠠᠨᡩᡠᠮᠪᡳ aisilandumbi 相帮，相助。ᠪᠠᠰᡠᠮᠪᡳ basumbi 耻笑。ᠪᠠᠰᡠᠨᡠᠮᠪᡳ basunumbi 一齐耻笑。ᡨᠠᠨᡨᠠᠮᠪᡳ tantambi 打。ᡨᠠᠨᡨᠠᠨᡠᠮᠪᡳ tantanumbi 相打。

注：动词共同态附加成分 ᡳᠰᡥᡠᠨᡩᡝ ishunde ᡤᡝᠮᡠ gemu ᡤᡝᡵᡝᠨ geren 等字照应，亦有不用者义并同。

此上必用 nu du qa qe qo 此五字俱是相字，共字，众字，彼此字，大家字，一齐字。在字中协上韵联用。

如云：ᡶᠣᠨᠵᡳᠮᠪᡳ fonjimbi 问。ᡶᠣᠨᠵᡳᠨᠵᡳᠮᠪᡳ fonjinjimbi 来问。ᡨᠠᠴᡳᠮᠪᡳ taqimbi 学习。ᡨᠠᠴᡳᠨᠵᡳᠮᠪᡳ taqinjimbi 来学。

ᠪᡝ be

二字者义并同。

凡遇清话字尾无联虚字者,是当面使令之词。如又无 ᡩᡝ de ᠪᡝ be 二字,只有 ᠪᡠ bu 字者,亦与有 ᡩᡝ de

如云:

ᡨᡝᡩᡝ tede ᡝᠮᡠ emu ᠵᡝᡵᡤᡳ jergi ᡩᠠᠨᠰᡳᠪᡠᡥᠠ dansibuhǎ。(被他人字)被他数落了一场。

ᡨᡝᡵᡝᠪᡝ terebe ᠪᠠᡳᡨᠠ baita ᡳᠴᡳᡥᡳᠶᠠᠪᡠᠮᡝ icihiyabume ᡤᡝᠨᡝ gene。(转谕叫令字)叫他料理事去。

注:动词使动、被动态附加成分。

人字。实解:令人给。

ᠪᡠ bu

在字中联用。如上有 ᠪᡝ be 字照应,是转谕使令、叫令字。如上有 ᡩᡝ de 字照应,是被他

ᠰᠣᠩᡤᠣᠮᠪᡳ soñgombi 哭。 ᠰᠣᠩᡤᠣᡧᠣᠮᠪᡳ soñgoqombi 共哭。

注：动词频动附加成分。

联用。

ᡮᠠ ᡫᡝ ᡫᠣ ᠮᡳ ᡤᡝ ᠵᠠ ᠵᡝ ᠵᠣ 此八字俱是频频不一、不止、不定之意。又微微之意。在字中协上字韵

ᡮᠠ ᡫᡝ ᡫᠣ ᠮᡳ ᡤᡝ ᠵᠠ ᠵᡝ ᠵᠣ

tantabumbi（被字转令）被人打，又叫人打。

de be 二字，云……gisurebumbi（被字转令）被人说。又令他说。

如无 de be 二字，云……

si yabu （使令）你走罢。如转谕令人云……terebe yabubu（转令）叫他走。

他去。

si gene （面令）你去罢。如转谕令人云……terebe genebu（转令）令

今如当面令人去……

94

如云：

ᡤᠣᠯᠣᠮᠪᡳ golombi 惊怕。ᡤᠣᠯᠣᡥᠣᠨᠵᠣᠮᠪᡳ golohonjombi （频频）惊乍。

ᡝᡵᡝᠮᠪᡳ erembi 指望。ᡝᡵᡝᡥᡠᠨᠵᡝᠮᠪᡳ erehunjembi （频频）盼望不休。ᡤᠣᡵᠣ goro 远。ᡤᠣᡵᠣᠮᡳᠮᡝ ᠶᠠᠪᡠᠮᠪᡳ goromime yabumbi （不止）远行。

ᡤᠣᠨᡳᠮᠪᡳ gvnimbi 思想。ᡤᠣᠨᡳᠨᠵᠠᠮᠪᡳ gvninjambi （频频）寻思，沉思。ᡤᡠᡵᡳᠮᠪᡳ gurimbi 挪移。ᡤᡠᡵᡳᠨᠵᡝᠮᠪᡳ gurinjembi （不定）挪移不定。

合。

ᡩᡠᡵᡤᡝᠮᠪᡳ durgembi 震动。ᡩᡠᡵᡤᡝᠴᡝᠮᠪᡳ durgeqembi （频频）震动不止，又病人身颤。ᠠᠴᠠᠮᠪᡳ aqambi 合。ᠠᠴᠠᠨᠵᠠᠮᠪᡳ aqamjambi （微微）凑

ᡶᡝᡴᡠᠮᠪᡳ fekumbi 跳。ᡶᡝᡴᡠᠴᡝᠮᠪᡳ fekuqembi （频频）乱跳跃，又心跳。

ᡤᠣᡶᠣᡵᠣᠮᠪᡳ xoforombi 挠。ᡤᠣᡶᠣᡵᠣᡥᠣᠮᠪᡳ xoforoxombi （频频）乱挠。ᡩᠣᡥᠣᠯᠣᠨ doȟolon 瘸。ᡩᠣᡥᠣᡥᠣᠮᠪᡳ doȟoxombi （微微）微瘸。

ᠰᡝᡶᡝᡵᡝᠮᠪᡳ seferembi 把攥。ᠰᡝᡶᡝᡵᡝᡥᡝᠮᠪᡳ seferxembi （频频）乱攥。ᡥᡝᠩᡴᡳᠯᡝᠮᠪᡳ heňkilembi 磕头。ᡥᡝᠩᡴᡳᡥᡝᠮᠪᡳ heňkixembi （频频）连叩。

ᡥᠠᠰᡳᡥᠠᠯᠠᠮᠪᡳ xasiȟalambi 掌嘴。ᡥᠠᠰᡳᡥᠠᡥᠠᠮᠪᡳ xasiȟaxambi （频频）乱掌嘴。ᠨᠠᡵᠠᠮᠪᡳ narambi 贪恋。ᠨᠠᡵᠠᡥᠠᠮᠪᡳ naraxambi 恋恋不舍。

95

如云：

eruwen 钻。eruwedembi （动用）以钻钻之。qeku 秋千。qekudembi （动用）打秋千。

jili 怒，性气。jilidambi （动用）动怒，使性气。niyeqembi 补。niyeqetembi （力做）绽补。

aquhiyan gisun 逸言。aqugiyadambi （行为）用逸言脏讼。

anambi 推。anatambi （行为）推托。suwaliyambi 掺和。suwaliyatambi （力做）掺杂掺混。

buleku 镜子。bulekuxembi （动用）照镜子。etuhun 强壮。etuhuxembi （行为）以强用强。

hitahvn 指甲。hitahvxambi （动用）指甲压。maŋga 难。maŋgaxambi （行为）作难。

注：名词后构成动词的附加成分。

力做，开展之意。在字中协上字韵联用。

xa xe ta da te de do tu la le lo mi je ra re ro niya kiya giya giye hiya hiye

此二十二字俱是行为，动用，

- goŏhon 钩子。goŏhorombi（开展）毛梢钩卷。
- gisun 话。gisurembi（行为）说话。
- idu 班次。idurambi（行为）轮流，轮班。
- urgun 喜。urgunjembi（行为）喜欢。
- ture 靴靿子。turemimbi（行为）绱靿子。
- oron 缺窝儿。orolombi（行为）顶缺，顶窝儿。
- suhe 斧子。suhelembi（动用）斧子剁。
- aba 围猎。abalambi（行为）行围。
- ulin 财帛。ulintumbi（动用）行贿。
- yobo 耍趣儿。yobodombi（行为）取笑戏耍。
- dutu 聋子。duturembi（行为）装聋，又错听。
- manju 满洲。manjurambi（行为）说清话，满洲样行事。
- sidehun 门闩，撑子，空档儿。sidehunjembi（力做）插空儿。
- doko 里子。dokombi（力做）吊里子。
- loŏto 笼头。loŏtolombi（动用）套笼头。
- erun 刑具。erulembi（动用）动刑。
- sadun 亲家。sadulambi（行为）作亲家。
- kimun 仇。kimuntumbi（行为）挟仇。
- oŝon 暴虐。oŝodombi（行为）暴虐行凶。

清文助语虚字注述

je jo
ᠵᡝ ᠵᠣ

ᠵᡝ ᠵᠣ

efulembi 折毁。efujembi（自坏）自败自坏。

此二字俱是自行损坏之意，在字中联用。

neqin 平。neqihiyembi（行为，力做）安慰，平抚。又地面撒平。

dasimbi 蒙盖。dasihiyambi（力做）掸拂灰尘。

sesulambi 吃惊。sesukiyembi（开展）打冷战。

bodombi 谋算。bodoñgiyambi（行为）自言自语，算计。

aliyambi 等候。aliyakiyambi（行为）且等且走。jalumbi 满之。jalukiyambi（开展）足满。ebembi 泡着。ebeniyembi（力做）浸泡。

moñgo 番人。moñgorombi（行为）说番话，番人样行事。

ai

ai ǵanaȟa
何涉，作什么。

ai ǵajiha
何恃，作什么来。

ai geli
岂有此理，岂敢，好说。

ai kooli akv
无例，无规矩，无考较。

ai gelhun akv
不敢。

ai gelhun akv
怎敢，岂敢。

ai yadara
岂少，何少，什么缺少的。

ai uttu
怎这样，怎么这们。

ai haqin i
总是怎样的。

赞叹声，又什么。

fondolombi fondojombi
撞透。（自破）自破透。

sendelembi sendejembi
刨决口子。（自损）自决口子，自崩豁子。

ai serengge ᡋ 说的是什么。
ai inu 为何,为什么,怎么。
ikanaha sehede 倘曾怎么样的时候。
ainaha 断然。
ainaha okini 不拘怎么罢。
ni 此下必用 ᠨᡳ 字应之。
ai sembi 怎么说。
ai iseme 何必,可足论,不必。
ai inahani 未必呢。又怎么了呢。
ai nambahafi 何得,怎么得。
ainaqi ainara 未必。
yaburakv ainaha 怎么了不走。
eiqi ainara 可怎么样,无可奈何。
ai inara 怎了。又怎么样的。乃求人口气。
ai nambi 作什么,怎么,怎么着。
waka oqi ai 不是是什么。
ai yokto 什么意思,怎好意思。
ai baita 有何要,又什么事。
alban ni 什么要紧呢,有何要紧呢。
alban halan akv 没要紧。

eqi 正是，可不是。

alimbaharakv 不胜，当不起。

unda de 正早哩，还是。

ineku 仍旧，原旧，还是。

eiten 一切，诸凡。

daruhai 常常的，时常，常班。

emdubei 频频不住的，尽着。

narangi 到底，毕竟，究竟。

antaka 何如，如何。

其他虚字

eqi ai 可不是什么。

esi 自然的，已在的。此下必用 ᠰ 字应之。

dahvn dahvn i 再三，累累的。

takasu 且住，且暂着。

umai 全然，竟字，并字。

yaya 大凡，凡是，不拘什么。

qibtui 连二连三的，三思。

urui 执意，一定。

jiduji 到底，毕竟，究竟。

yaka 是哪一个，有哪一个。

yaqi 是哪个，又自哪个。

eke 那个。乃志记思忆语。

weke 那个谁。乃呼唤下人语。

aimaka 莫非，不知是什么。

yamaka 不知是哪个。

arkan 恰好，将将儿。

maka 不识否，不知是不是。

elekei 几乎，险些，差一点。此下必用 bihe 字应之。

elei 几乎，险些，差一点。此下必用 bihe 字应之。

nememe 愈加，益加。

elemangga 越发，反倒。

ele 更字。

elemembihede 倘或之间。

ememünge 或者的。

ememu urse 或者人们。

ememu niyalma 或者人。

ememu 或者。

eqi ainara 可怎么呢。

absi genembi ᠠᠪᠰᡳ ᡤᡝᠨᡝᠮᠪᡳ 往哪去。

absi ᠠᠪᠰᡳ 怎么着。

absi sain ᠠᠪᠰᡳ ᠰᠠᡳᠨ 很好,甚妙。

absi oho ᠠᠪᠰᡳ ᠣ� 怎么样了。

tuttu waka ᡨᡠᡨᡨᡠ ᠸᠠᡴᠠ 不然,非然,不是那们着。

tuttu akv oqi ᡨᡠᡨᡨᡠ ᠠᡴᡡ ᠣᠴᡳ 若不那样,若不然。

enteke ᡝᠨᡨᡝᡴᡝ 这样。

tenteke ᡨᡝᠨᡨᡝᡴᡝ 那样。

yalake ᠶᠠᠯᠠᡴᡝ 果真啊,诚然。

yala oho ᠶᠠᠯᠠ ᠣᡥᠣ 果真了。

yala ᠶᠠᠯᠠ 果真,果然,真个,正是那。又想话声气。

geli ᡤᡝᠯᡳ 又字,再字,还字。

gelio ᡤᡝᠯᡳᠣ 还么。

yaya we ᠶᠠᠶᠠ ᠸᡝ 凭他谁。

weri ᠸᡝᡵᡳ 他人,别人家。

weqi ᠸᡝᠴᡳ 是谁,又自谁。

we ya ᠸᡝ ᠶᠠ 谁那个。

ume
休要，别要，莫要。此下必用 **rare ro** 等字应之。

waka seqina
不是话。

lalanji
拖累的，再三。又碎烂。又乏极身子稀软。

niyalmai henduheṅge
可是人说的。此下必用 **sere balama** 字应之。

dekdeni henduheṅge
常言道，俗语说的，谚云。同上，亦用三字在下用之。

dekdeni gisun
常言，俗语，谚语。此下必用 **sembi, sehebi, sere balama** 字应之。

hendure balama
可是说的。在句首用。可是说。在句尾用。

ekembi
夺弄，弄诵。

ondombi
胡作造，愚弄，胡干。

are
受疼挨忍不过的声。又疼哭疼忍不过的声。

ara
猛然想起哎呀的声。又惊怕、惊讶的声。

ake
猛被触疼。

absi hojo
好极。

ne je 现在。

je se 叫他哼一哼儿。

noʕai ja 很容易。

ǧamambi 处事，裁夺。又拿去。

gese gese i 同是一样。

esi seqi ojorakv 不得已。

umainahakv 并不曾怎么着。

mangiqi 大破着，就便难，既这样。

eri 这里呢，这不是么。又令人扫。

aba 问在哪里，何在。又围猎。

en jen i bahambi 现成得了。

je sehe mangi 哼一哼的时候。

nikedembi 能着，支持着。

ǧoiquka 拐碍着了。又说着了。

heturi 傍外，另外的小事物。

umainame muterakv 不能怎么样。

umainaqi ojorakv 不得已，无可奈何。

mangai oqi 同上。

heni akv 一点没有。

hen tan i akv 些须无有。

endembio endereo 试问便知。

enderakv 些须无有。

ja akv 非轻，不轻，不易。

maŋga taqihabi 如见，如闻，不问先知。

emu qimari 一朝。

yamaka inenggi 有朝一日。

mahala lakiyambi 挂拐，下牢靠。

dere tokome 睹着面。

kanagan arambi 推故，推托。

den gaimbi 讨凭据。 lan gaimbi 同上。

aŋga senqehe 口舌是非。

aŋga aqambi 对质。

haǎai enqu 慎性各别。

gisun hese 言言语语。

yertequn tuwaha 见骚了。

halai 慎性。

aqun de qaqun 两下俱有是有非。又偏遇其人不快。偏偏又偏偏。

baita akv bade 没要紧处。

amtan baňambi 得意。

en（注：原文写作ᡝᠨ） fa sere oŋǵolo 预先发作。

ai ai 各样，各件。

fariv daňa 寻了拙智，行的昏了。

sadun hala 外姓。

ģosiňa jergi okini 权作疼爱。

garmaji 古董噶故货。噶儿马儿。噶儿古弃的。

emu anan i ģamambi 按着次序。

oron akv 一总没有。

amu manģa 好睡。

oiňori biheo 何等来着。又了得的来着么。追叹语。

kesi akv oňo 命到无常了。又不幸了。

balai iqi 胡闹混来。

ajabume gisurembi 开端，打头说。

fusi 腔调儿，样丧子，令人剃。

jaka xolo 一点的小空。

hala haqin 诸各样儿。

清文启蒙卷之三终

附加成分

附加成分缀接说明

词缀区分为不考虑音韵的词缀和考虑音韵的词缀。考虑音韵的词缀只是新的词根。词根是由一到多个音节构成的。词根附加了词缀后可看成是新的词根。词根可以划分为ᠠ、ᠠ̄、ᠣ̄、ᠣ六韵。词根的韵通常是以词根中第一音节或发音部位靠前且较响亮的 ᠠ、ᠠ̄、ᠣ̄ 等音节的元音来决定的。二合元音以及切音的组合元音以二合元音第一个或切音音节最后一个元音为该音节的韵。

满文的元音有六个，分别为 a、e、i、o、u、v，用汉字注音分别表示为阿、额、伊、鄂、乌、谔。元音是影响单词音韵最重要的音素，这些元音从影响音韵的程度来讲，a 和 e 强度最大，o 次之，i 和 u 较弱，v 最弱。满文单词除一些基本词汇外，多数是由基本词根附加一到若干个词缀构成的。词缀具有递归性，词根附加了词缀后可看成是新的词根。词根是由一到多个音节构成的。

词根韵的确定方法如下：

① 词根为单音节时，首先看词根第一音节的元音，若第一音节的元音为 a、e、ē 时，可确定为 ᠠ 韵或 ᠠ̄ 韵。若词根元音全为 o 时为 ᠣ̄ 韵，还是后位 ᠣ 韵。

② 词根为多音节时，根据音节的元音自然划分为六韵，词根中有两个或多个 i 时为 ᠣ̄ 韵，否则，仍然按照第一音节的元音确定词根的韵。ᠣ̄ 韵有时需要确定是前位 ᠣ̄ 韵词根为单音节或第一音节与之相拼的辅音发音部位为靠前的唇位辅音 b、p 和辅音 j 相拼的 ᠣ̄ 韵，可称之为前位 ᠣ̄ 韵词根，否则其他单音节或多音节 ᠣ̄ 韵词根称之为后位 ᠣ̄ 韵词根。

③ 词根ᠣ̄韵为单音节或第一音节与之相拼的辅音发音部位为靠前的唇位辅音 b、p 和辅音 j 相拼的 ᠣ̄ 韵，可称之为前位 ᠣ̄ 韵词根，否则其他单音节或多音节 ᠣ̄ 韵词根称之为后位 ᠣ̄ 韵词根。

的是固定使用的词缀，不区分音韵。

分为 ᠠ 韵、ᠠ̄ 韵和 ᠣ̄ 韵三种，有时也仅区分为 ᠠ 韵和 ᠣ̄ 韵。其他

① 接缀 ᡝ 韵词根。例如：ᡝᡨᡝᠮᠪᡳ，ᠪᠣᡩᠣᠮᠪᡳ 等单词，其起决定作用的是词根元音字母 a。

下面以词缀 ᡝ、ᠣ、ᠣ 来说明规范的接缀方式，这三个词缀可表示将要、就要之意，是动词的一般将来时形态，可作为形动词附加成分，表示……的之意。

当然，可能有一些不规则的情况出现，需要专门记忆其接缀的情况下接缀 ᡝ 韵词缀。

词根接缀 ᡝ 韵词缀，ᠣ 韵词根接缀 ᠣ 韵词缀，或在无 ᠣ 韵词缀按韵接缀的一般规律如下：

ᡝ、ᠣ 韵和后位 ᠣ 韵词根接缀 ᡝ 韵词缀，ᠣ、ᠣ 和前位 ᠣ 韵为前位韵。

④ 词根的韵还可以按发音部位划分为前位韵和后位韵，六韵中

[缀] 动词词根后构成名词。

派生名词（代词）附加成分

最后，需要说明的是这里所述词缀所能接缀的词根的声韵类型，是依据『清文助语虚字』中所有单词以及一些满文语法书籍中列举的词缀总结出来的，必定无法列出词缀所有可能接缀的词根的声韵类型，需要进一步补充完善。另外，其他一些语法书籍都是用阴性、阳性或中性来说明词缀接缀的接缀方法，而用音韵方式说明似乎能更好地表现和解释词缀接缀的特点和方法。然而仍恐有不到之处，恳请高人多多指教。

② ᡝ 要求 ᠣ 韵、前位 ᠣ 韵、ᠣ 韵词根。例如：ᡝᡨᡝᠮᠪᡳ，ᠪᠣᡩᠣᠮᠪᡳ，其起决定作用的是元音 e、i、u 起决定。

③ 要求 ᠣ 韵词根，例如：ᠠᠯᡳᠨ，ᠣᠯᡥᠣᠨ，是名词山槐、形容词作用的是元音 o。需要注意的是，ᠣ 不是词缀。

远之意，其中的 ᠣ 不是词缀。

110

清文助语虚字注述

si qi tu hi ǧe v
去除)。

si sun tu bi ri li ji
[缀]名词词根后构成名词(原形词末可能有的 ᠨ 要接缀于后位韵词根。

han hon
[缀]动词词根后构成名词。

qu kan ǧa qu ke n͡ge
[缀]动词词根后构成名词：可……的(人或事)。ᡳ 接缀于前位韵词根，ᠵᡳ 接缀于 ᡳ 韵词根。

ǧan ǧon
[缀]动词或形容词根成名词。ᠵᡳ 接缀于除 ᡳ 韵外的后位韵词根。

qun jan
[缀]动词词根后构成名词。ᡳ 接缀于前位韵词根。

bun fun
[缀]动词词根后构成名词。

ku v
[缀]名词词根后构成名词(原形词末可能有的 ᠨ 要去除)。ᡳ 接缀于后位韵词根。

ku ǧe v
[缀]动词词根后构成名词。

qun
[缀]形容词根后构成名词(原形词末可能有的 ᠨ 要去除)：……事。ᡳ 接缀于后位韵词根。

tu
[缀]形容词根后构成名词(原形词末可能有的 ᠨ 要去除)：……人。

ki
[缀]形容词根后构成名词(原形词末可能有的 ᠨ 要去除)：……处。

si
[缀]形容词根后构成名词(原形词末可能有的 ᠨ 要去除)：……物件，……人。

jn͡ge nin͡ge
[缀]形容词、代词词根后构成名词附加成分(原形词末可能有的 ᠨ 要去除)：是……的。(指代具有某种特征的人或事物。)

ju ji mba ba qin ri
[缀]名词词根后构成名词(原形词末可能有的 ᠨ 要去除)。

qan qen lon bun tun qin
[缀]名词词根后构成名词(原形词末可能有的 ᠨ 要去除)。

清文助语虚字注述

ᠨᡳ (ni)

【缀】名词(代词)属格、工具格附加成分(单音节含切音词根后用 ᠪᡝ (mbe)，但双音节词根末为 ᠨᡳ 时也用 ᠨᡳ 以及词根末为 ᠨᡳ (eno) 时也用 ᠨᡳ 以，使，令⋯⋯(主动态)、经(过)⋯⋯等。

ᠪᡝ (be)

【缀】名词(代词)宾格、经格附加成分(单音节含切音词根后用 ᠪᡝ)，谓语动词行为对象附加成分：把，将，

ᠰᠠ ᠰᡝ ᠰᠣ ᠰᡳ (sa se so si)

【缀】非亲属各类人等名词附加成分(此外唯有 ᠮᠣᡵᡳᠰᠠ (morisa) 马群)。

ᡨᠠ ᡨᡝ (ta te)

【缀】亲属指人名词复数附加成分。

名词(代词)格附加成分

ᠰᠠ (sa)

【缀】数词根后构成名词。

ᠨᡳ (ni)

【缀】形容词根后构成名词(原形词末可能有的 ᠨ 要去除⋯⋯物。

名词(代词)复数附加成分

ᡩᡝ ᡩᡝ ᠨᡩᡝ (de de nde)

【缀】名词(代词)与位格(方向格、位置格、工具格)附加成分(单音节含切音词根后用 ᠨᡩᡝ，但单音节词根 ᠴᡳ 之后用 ᡩᡝ、ᡝᡩᡝ、ᡨᡝᡩᡝ)：在⋯(时候、地点、上、里)，凭⋯⋯，依⋯⋯，靠⋯⋯等。作为方向格、表示动词行为作用的方向、目的以及不及物动词所涉及的对象等：向⋯⋯(方向)、到⋯⋯(去处)、对(于)⋯⋯(对象)，被⋯⋯(被动态)给(与)、与(于)⋯⋯等。

ᠴᡳ ᠨᠴᡳ (qi nqi)

【缀】名词(代词)比格、从格、向格、离格(简称比从格)。表示比较对象、出发地、目的地和距离等⋯⋯比，从，向⋯⋯(方向等)、(距)离⋯⋯。

ᡩᡝᡵᡳ (deri)

【缀】名词从格附加成分⋯从⋯⋯。

派生形容词附加成分

ᠰᡳ si
略……的。
[缀] 程度范围附加成分：用以表示范围或程度：微、

ᡤᡝᡵᡳ ᠩᡤᡝᡵᡳ geri nggeri
[缀] 基数词根下次数量词附加成分（基数词末可能有的 ᠨ 韵词根。

ᡨᠠ ᡨᡝ ᡨᠣ ta te to
[缀] 基数词根下次数量词附加成分（基数词末可能有的 ᠨ 韵词根。
要去除）：次，遭，回，遍。

ᠴᡳ (ᠨᠴᡳ) ci(nci)
[缀] 基数词根下序数词附加成分（基数词末可能有的 ᠨ 韵外的后位韵词根，ᡳ 接缀于前位韵词根，ᠴᡳ 接缀于除 ᠨ 韵外的后位韵词根，ᠨᠴᡳ 接缀于 ᠨ 韵词根。
要去除，但 ᠵᡠᠸᠠᠨ juwan 和 ᡨᡠᠮᡝᠨ tumen 的 ᠨ、ᠨᠠᡩᠠᠨ nadan 的 ᠨ 可去可不去）：第……。

数词附加成分

[缀] 基数词根下序数词附加成分（基数词末可能有的 ᠨ

ᡵᡳ ri
[缀] 程度范围附加成分：用以表示范围或程度：众、

ᡩᠠᡵᡳ dari
[缀] 叠词形式附加成分（原形词末可能有的 ᠨ 要去除）：
每每，遭遭，重复词根之意。

ᡵᠠ ᡵᡝ ᡵᠣ ra re ro
[缀] 形容词附加成分。ᡵᠠ 接缀于 ᠠ 韵词根。

ᡴᠠ ᡴᡝ ᡴᠣ ka ke ko
[缀] 形容词附加成分。ᡵᡝ 接缀于前位韵词根，ᡵᠣ 接缀于 ᠣ 韵词根。

ᠩᡤᠠ ᠩᡤᡝ ᠩᡤᠣ ᡥᠠᠩᡤᠠ ᡥᡝᠩᡤᡝ ᡥᠣᠩᡤᠣ
[缀] 形容词附加成分。ᠩᡤᠠ 接缀于前位韵词根，ᠩᡤᡝ 接缀于除 ᠨ 韵外的后位韵词根，ᠩᡤᠣ 接缀于 ᠣ 韵词根，ᡥᠠᠩᡤᠠ 接缀于前位韵词根，ᡥᡝᠩᡤᡝ 接缀于除 ᠨ 韵外的后位韵词根，ᡥᠣᠩᡤᠣ 接缀于 ᠣ 韵词根。[缀] 完成态形容词附加成分。

接缀于前位韵词根，接缀于除 ᠨ 韵外的后位韵词根，接缀于 ᠣ 韵词根。[缀] 疑问式形容词附加成分。

113

清文助语虚字注述

quša quke
根, ᠴᡠᡴᠠ ᠴᡠᡴᡝ 接缀于前位韵词根。

rakvūge rakvūgeo
[缀] 否定疑问式形容词附加成分：可, 堪。ᠷᠠᡴᡡᡤᡝ 接缀于后位韵词根。

rañgeo reñgeo roñgeo
[缀] 否定式形容词附加成分。

[缀] 形容词附加成分, ᠷᠠᠩᡤᡝᠣ 接缀于前位韵词根, ᠷᠣᠩᡤᡝᠣ 接缀于除 ᡳ 韵以外的后位韵词根, ᠷᡝᠩᡤᡝᠣ 接缀于 ᡳ 韵词根。

[缀] 形容词附加成分, 表示……的、……者。ᡴᠠᡴᡡᡤᡝ 接缀于前位韵词根。ᡥᠠᡴᡡᡤᡝ 接缀于除 ᡳ 韵外的后位韵词根。ᡥᡝᡴᡡᡤᡝ 接缀于 ᡳ 韵词根。

kakvūge gekvūge hakvūge hekvūge
[缀] 过去否定式形容词附加成分。

形容词比较级附加成分

shun shun
[缀] 形容词比较级附加成分(原形词末可能有的 ᠨ 要去除)：略, 稍稍, 些许。ᡧᡠᠨ 接缀于前位韵词根。ᡧᡠᠨ 接缀于后位韵词根。

kan ken kon
[缀] 形容词比较级附加成分(原形词末可能有的 ᠨ 要去除)：略, 稍稍, 些许。ᡴᠠᠨ 接缀于前位韵词根。ᡴᡝᠨ 接缀于除 ᡳ 韵外的后位韵词根。ᡴᠣᠨ 接缀于 ᡳ 韵词根。

liyan meliyan
[缀] 形容词比较级附加成分(原形词末可能有的 ᠨ 要去除)：略, 稍, 微, 一点。

ba be
[缀] 形容词附加成分。ᠪᠠ 接缀于前位韵词根。ᠪᡝ 接缀于后位韵词根。ᠪᠠ 接缀不规则。

hu hun ho hon hv hvn
[缀] 形容词附加成分：……貌, ……形, ……状。ᡥᡠ 接缀于前位韵词根, ᡥᡠᠨ 接

附加成分。ᡩᠠ ᡩᡝ ᡩᠣ ᡨᠠ ᡨᡝ ᡨᠣ 接缀于除 ᡳ 韵外的后位韵词根，ᠰᡳ 接缀于 ᡳ 韵词根。

ᠮᠪᠠ
[缀] 开展附加成分。

ᠵᡝ ᠵᠣ
[缀] 自损附加成分。

ᠵᡝ ᠨᠵᡝ
[缀] 行为附加成分。

ᠮᡳ ᠨᡳᠶᡝ
[缀] 力做附加成分。

ᡦᡳ ᠮᡦᡳ
[缀] 动词后附加的形容词附加成分。

派生动词附加成分

[缀] 动词获取附加成分：得，获，受。

ᡴᡳᠶᠠ ᠩᡴᡳᠶᠠ ᡴᡳᠶᡝ
[缀] 形容词比较级附加成分（原形词末可能有的 ᠨ 要去

除）：很，非常。ᠣᠣ 接缀于后位韵词根，ᡝᠣ 接缀于前位韵词根。

ᠮᠠᠪᡳ
[缀] 动词现在进行时附加成分。

现在进行时：表示正在进行的动作。ᠪᡳ 接缀于 ᡳ 韵词根。

ᡵᠠ ᡵᡝ ᡵᠣ
[缀] 动词一般将来时附加成分。

此种形式也作为动名词、形动词附加成分，ᡵᠠ 接缀于除 ᡳ 韵外的后位韵词根，ᡵᡝ 接缀于前位韵词根，句中有 ᠣᠮᠪᡳ 时必用 ᡵᠠ 形。一般将来时：表示就要或将要发生的动作、状态。

ᠮᠪᡳ ᠪᡳ
[缀] （动词原形）一般现在时附加成分。

一般现在时：表示现在发生的动作、情况、状态、特征，表示经常性、习惯性动作，客观事实和普遍真理，其表示为动词原形。一般现在时用位词或时间副词修饰可表示一般将来时。

动词附加成分（时）

ᡵᠠ ᡵᡝ ᡵᠣ 接缀于 ᡳ 韵词根。

ᡩᠠ ᡩᡝ ᡩᠣ ᡨᠠ ᡨᡝ ᡨᠣ 接缀于

现在完成时：① 表示动作到现在为止已经完成或刚刚完成，表示发生的动作的强调和肯定。相当于汉语：已经……了。

ᡴᠠ ᡴᡝᡳ ᡴᠣᡳ ᡥᠠᡳ ᡥᡝᡳ ᡥᠣᡳ [缀] 接缀于前位韵词根，ᠠᠮᠪᡳ 接缀于除 ᡳ 韵外的后位韵词根，ᠣᠮᠪᡳ 接缀于 ᡳ 韵根。

ᠪᡳᠰᡳᡵᡝ [缀] 动词一般过去时附加成分，构成的动词常用作名词性或形容词性词汇。

一般过去时：表示过去某个时间发生的动作或情况。相当于汉语：……了。

ᠪᡳ ᠪᡳᠮᠪᡳ [缀] 动词现在进行时附加成分。这种形式可作为形容词和名词使用。

ᠮᡝ + ᡳᠯᡳᡥᠠᠪᡳ [缀] 动词现在进行时附加成分，由动词进行态附加成分 + 立即助词构成动词词组。

现在完成进行时：表示一个动作开始于过去的某一时间，一直延续至今，或将延续到将来。类似于汉语：一直……来着。

ᡴᠠ ᡴᡝᡳ ᡴᠣᡳ ᡥᠠᡳ ᡥᡝᡳ ᡥᠣᡳ + ᠪᡳ [缀] 动词现在完成进行时附加成分。

ᡶᡳ + ᠪᡳ 分 + 现在存在助词构成动词词组：仍然……

ᠠᡵᠠ ᠠᡵᠠ 接缀于前位韵词根，ᠠᠮᠪᡳ 接缀于除 ᡳ 韵外的后位韵词根，ᠣᠮᠪᡳ 接缀于 ᡳ 韵根。

ᡴᠠᠪᡳ ᡴᡝᠪᡳ ᡴᠣᠪᡳ ᡥᠠᠪᡳ ᡥᡝᠪᡳ ᡥᠣᠪᡳ [缀] 副动词现在完成时附加成分。由顺序副动词附加成分 + 现在存在助词构成动词词组：已经……了。ᠠᡵᠠ ᠠᡵᠠ 接缀于前位韵词根，ᠠᠮᠪᡳ 接缀于除 ᡳ 韵外的后位韵词根，ᠣᠮᠪᡳ 接缀于 ᡳ 韵根。

ᡴᠠ ᡴᡝᡳ ᡴᠣᡳ ᡥᠠᡳ ᡥᡝᡳ ᡥᠣᡳ + ᠪᡳ [缀] 动词现在完成时附加成分：已经……了。ᠠᡵᠠ ᠠᡵᠠ 接缀于除 ᡳ 韵外的后位韵词根，ᠣᠮᠪᡳ 接缀于 ᡳ 韵根。

② 表示从过去某个时刻开始，持续到现在的动作或情况，并且有可能会延续下去。相当于汉语：仍然……

ᠮᠪᡳᡥᡝ mbihe

[缀] 动词过去现在时附加成分。表示强调和肯定时用着的动作，类似于汉语：曾……来着。

过去现在时：表示过去的习惯性动作，ᠮᠪᡳ 接缀于 ᡳ 韵词根。

ᠪᡳᡥᡝ bihe

[缀] 动词现在完成进行时附加成分。ᠪᡳᡥᡝ 接缀于除 ᡳ 韵外的后位韵词根，ᠮᠪᡳ 接缀于 ᡳ 韵词根。

过去完成进行时：表示过去某段时间内一直进行的状态。类似于汉语：曾一直……来着。

ᡴᠠᡳ ᡴᠣᡳ ᡥᠠᡳ ᡥᡝᡳ ᡴᠣᡳ + ᠪᡳᡥᡝ bihebi

[缀] 动词过去完成时附加成分。表示强调和肯定时用，ᡴᠠᡳ 接缀于除 ᡳ 韵外的后位韵词根，ᡴᠣᡳ 接缀于 ᡳ 韵词根。分写联写俱可。表示一个动作开始于过去的某一时间，并持续或经常发生的状态。类似于汉语：曾一直……来着。

ᡴᠠ ᡴᡝ ᡴᠣ ᡥᠠ ᡥᡝ ᡥᠣ + ᠪᡳ bibi

[缀] 动词过去完成时附加成分。表示动作、行为曾经进行过。分写联写俱可。表示肯定时用。相当于汉语：曾经……。

过去完成时：表示过去某个时间或动作以前已经发生的动作或已经存在的状态。相当于汉语：曾经……。

ᠪᡳᠮᠪᡳ bimbi

[缀] 动词现在进行时附加成分，表示强调和肯定时用。

现在进行时：表示现在发生并正在进行的动作或状态。

ᠮᡝ + ᠪᡳ mebi

[缀] 动词现在进行时附加成分。表示现在发生并正在进行的动作或状态。

ᠮᡝ + ᠪᡳᡥᡝᠪᡳ mebihebi

[缀] 动词过去进行时附加成分。表示在过去的一个比较具体的时间正在发生的动作。

过去进行时：表示在过去的一个比较具体的时间正在发生的动作。

……的时候或情况，就该、就应、就会……。

ᡴᡳ + ᠠᡴᠠᠮᠪᡳᡥᡝ qi + aqambihe

[缀] 动词过去将来时附加成分。表示过去某一时间的将来应该发生但未发生的动作或状态，类似汉语：（过去）来应该发生的事情。

过去将来时：表示从过去的某个时间看将要发生的事情。

动词附加成分(态)

ᠪᡠ ᠪᡠ ᠮᠪᡠ ᠮᠪᡠ bu bu mbu mbu

[缀] 动词使动、被动态附加成分。如上有 ᠪᡳ 是被动态，如上有 ᡳ 为使动态，如上有 ᠪᡳ 是被动态。

经常、一直之意。ᠰᡠᠨᡩᡠ（ᠮᡝ）接缀于除 ᡳ 韵外的后位韵

【缀】动词持续态附加成分。表示频繁、总是、

【缀】动词齐动态附加成分。

【缀】动词互动态附加成分。

【缀】动词共同、频动态附加成分。ᠨᡳ 接缀于前位韵词根，ᠵᡝ 接缀于 ᡳ 韵的后位韵词根。

【缀】动词来向态附加成分。ᠨᡳ 接缀于除 ᡳ 韵外的后位韵词根。

【缀】动词去向态附加成分。ᠨᡳ 接缀于前位韵词根，ᠵᡝ 接缀于 ᡳ 韵词根，ᡷ 接缀于前位韵词根。

【缀】动词完成态附加成分。含去、生、长、成等意。ᠨᡳ 接缀于前位韵词根，ᠵᡝ 接缀于 ᡳ 韵词根，ᡷ 接缀于除 ᡳ 韵外的后位韵词根。

【缀】动词进行态附加成分。后续接 ᠰᡝᠮᠪᡳ 等词。

【缀】动词现在时否定疑问式附加成分：不……么。

【缀】动词担忧式附加成分：别不……，恐为。

【缀】动词否定式附加成分：不。

【缀】动词现在时疑问式附加成分。

【缀】动词进行时疑问式附加成分。

【缀】动词过去时疑问式附加成分。

【缀】动词疑问式附加成分：么。

【缀】动词过去现在时疑问式附加成分：已……了么。ᡴᠣᠣ ᡥᠣᠣ 接缀于除 ᡳ 韵外的后位韵词根，ᡴᡝᠣ ᡥᡝᠣ 接缀于 ᡳ 韵词根。

动词附加成分（式）

【缀】动词过去时疑问式附加成分。ᠰᡠᠨᡩᡠ 接缀于前位韵词根，ᠰᡳᠨᡩᡠ 接缀于 ᡳ 韵词根。

qi sembi ᠴᡳ ᠰᡝᠮᠪᡳ

[缀] 动词引用请愿式附加成分。

qi ᠴᡳ

[缀] 动词请求祈愿式附加成分。

ju (nju) ᠵᡠ (ᠨᠵᡠ)

[缀] 动词请求祈愿式附加成分。e 韵词根之后。

so su fu ᠰᠣ ᠰᡠ ᡶᡠ

[缀] 动词请求祈愿式附加成分。o 韵词根之后，ᠵᡠ 接缀于 i 韵词根之后，ᠨᠵᡠ 接缀于 e 韵词根之后。

ume ᡠᠮᡝ

[缀] 动词祈使式附加成分：使令，叫令。

[缀] 动词去向态祈使式附加成分：使令去，叫令去。

[缀] 动词来向态祈使式附加成分：令来，往前来。

ra re ro ᠷᠠ ᠷᡝ ᠷᠣ

[缀] 副词引导语句末动词祈使式附加成分。接缀于韵外的后位韵词根，ᠷᠠ 接缀于前位韵词根。

[缀] 动词过去否定疑问式附加成分：没……么。接缀于除 ᠷᠠ 韵外的后位韵词根，ᠷᠠ 接缀于前位韵词根。

hakv hekv hakv hekv hakv hekv ᡥᠠᡴᡡ ᡥᡝᡴᡡ ᡥᠠᡴᡡ ᡥᡝᡴᡡ ᡥᠠᡴᡡ ᡥᡝᡴᡡ

[缀] 动词过去时否定式附加成分：没……。接缀于前位韵词根，ᠷᠠ 接缀于后位韵词根。

fi ᡶᡳ

[缀] 顺序副动词形式附加成分。

qibe ᠴᡳᠪᡝ

[缀] 让步副动词形式附加成分。

me (ᠵᡝ) ᠮᡝ

[缀] 并列副动词形式附加成分。副动词后必有主动词，一起构成谓语成分。

qi bi (nji) ᠴᡳ ᠪᡳ

[缀] 假定副动词形式附加成分：若，设若，如果。

副动词附加成分

kini ᡴᡳᠨᡳ

[缀] 动词第三人称祈愿式附加成分：由其……罢，任凭他……罢，叫他……罢，令他……罢。

ki ᡴᡳ

[缀] 动词祈愿式附加成分。比较一般的祈请语气，要，想要，求（你），请（你）等之意。

[缀] 动词祈请式附加成分。接缀于前位韵词根，ᠷᠠ 接缀于除 ᠷᠠ 韵外的后位韵词根。

rao reo roo ᠷᠠᠣ ᠷᡝᠣ ᠷᠣᠣ

[缀] 动词第二人称祈求式附加成分。是对于尊长的非常客气的祈请语气。

qina ᠴᡳᠨᠠ

[缀] 动词期望祈使式附加成分。此字具略质疑语气，向尊长言说不得。

ralame
接缀于前位韵词根，接缀于ᡩ韵词根。

ralame relame rolame
词根。
【缀】伴随副动形式附加成分：边……边……，接缀于除ᡩ韵外的后位韵词根，接缀于ᡩ韵词根。

tai tei
位韵词根，接缀于前位韵词根，接缀于除ᡩ韵外的后位韵词根。

tala tele tolo
【缀】直至副动形式附加成分。

【缀】极尽副动形式附加成分。接缀于后位韵词根，接缀于ᡩ韵词根。

hala hele holo
的后位韵词根，接缀于前位韵词根，接缀于除ᡩ韵外的后位韵词根。

nakv
【缀】先行副动形式附加成分。接缀于前位韵词根，接缀于除ᡩ韵外的后位韵词根。

【缀】紧接副动形式附加成分。

hai hei hoi
【缀】连续副动形式附加成分。接缀于除ᡩ韵外的后位韵词根，接缀于前位韵词根。

la le
【缀】形动词全部范围附加成分，表示所有、凡是：接缀于ᡩ韵词根。

ka ke ko ha he ho
【缀】形动词一般现在时附加成分，由并列副动词+存在助词构成动词词组。接缀于前位韵词根，接缀于除ᡩ韵外的后位韵词根。

ra re ro
【缀】形动词一般将来时附加成分。接缀于前位韵词根，接缀于除ᡩ韵外的后位韵词根。

me + bisire
【缀】形动词一般现在时附加成分，由并列副动词+存在助词构成动词词组。

形动词附加成分

liyan meiyan
【缀】程度副动形式附加成分：略，微，一点。

shvn shun
【缀】程度副动形式附加成分：略，稍稍，些许。接缀于后位韵词根，接缀于前位韵词根。

ᠩᡤᡝ
ńge

【缀】缀于 ᡳ 韵词根。

ᠷᠠᠩᡤᡝ ᡵᡝᠩᡤᡝ ᡵᠣᠩᡤᡝ
rańge reńge rońge

【缀】指人或事的动名词附加成分。ᡵᠠᠩᡤᡝ 接缀于前位韵词根，ᡵᡝᠩᡤᡝ 接韵外的后位韵词根，ᡵᠣᠩᡤᡝ 接缀于 ᠣ 韵词根。

ᠨᡳᠩᡤᡝ
ningge

【缀】形动词之后构成动名词，附加在表示……者的形动词之后，表示……的、……者之意。

ᡶᠠ ᡴᠣ ᡥᠠ ᡥᡝ ᡥᠣ
fa ko ha he ho

【缀】动名词一般过去时附加成分。ᡶᠠ 接缀于前位韵词根，ᡥᡝ ᡥᠣ 接韵外的后位韵词根，ᡥᠠ 接缀于 ᠠ 韵词根。

ᡵᠠ ᡵᡝ ᡵᠣ
ra re ro

【缀】动名词一般将来时附加成分。ᡵᠠ 接缀于前位韵词根，ᡵᡝ 接缀于除 ᠣ 韵外的后位韵词根，ᡵᠣ 接缀于 ᠣ 韵词根。

ᠮᠪᡳ ᠪᡳ
mbi bi

【缀】动名词一般现在时附加成分。

动名词附加成分

ᠪᡝ
be

【缀】语气附加成分：也。

ᡴᠠᡳ
kai

【缀】语气附加成分：矣，啊，呀。表示肯定或强调的语气。

ᡩᡝᡵᡝ ᠨᡩᡝᡵᡝ
dere ndere

【缀】语气附加成分：想是……罢。表示推断。

ᡩᡝᠣ
deo

【缀】语气附加成分：么，乎，欤。

ᠪᡳᠮᡝ ᠮᠪᡳᠮᡝ
bime mbime

【缀】连词附加成分。作用与连词 ᠵᡝ 同。

ᠪᠠᡩᡝ
bade

【缀】连词附加成分。作用与连词 ᠵᡝ 同。

语气附加成分

ᡩᡝ ᠮᡝ ᡨᡝᡳ
de me tei

【缀】副词附加成分。

ᡵᡤᡳ ᠴᡳ ᡶᡳ
rgi qi fi

【缀】副词附加成分。

ᠰᡳ ᠰᡳᡥᡡᠨ ᠰᡳᡥᡡᠨ
si sihūn sihūn

【缀】副词附加成分。

连词附加成分

副词附加成分

121

〔缀〕语气附加成分。表示疑问、感叹、反诘等语气。

〔缀〕语气附加成分：啊，乃将然已然信而微质疑问之语气。

〔缀〕语气附加成分：呢，哉。惊叹想象语气。

〔缀〕语气附加成分：矣，啊，呀。

〔缀〕语气附加成分：啊，呀，了，啰。

词汇表

A ᠠ

adali
[后] 像……一样的，如……似的。
[形] 相同的，一样的，相似的，同等的。
[副] ① 往何处，向哪里。② 泛指性质、状态、方式：何怎样，如何。③ 形容程度很高，带有感叹语气：何其，何等，多么，好不。
[名] ① 天，天空，太空。② 天气。③ 上帝，老天爷，皇天，苍天。
[不及] ᠠᠪᠠ+ᠯᠠᠮᠪᠢ，词根+行为附加成分+动词一般现在时附加成分：打围，打猎，狩猎。
[副] 何在，哪里。
[名] 打围，狩猎。

abalambi

ai aibani
[词组] 什么要紧呢，有何要紧呢。

ai yūgū
[感] 嗳，表示懊恼、责怪、赞叹等。
[词组] 各样，各件。
[代] 什么。

ahūta
[名] ᠠᡥᡡ+ᡨᠠ，词根+复数附加成分：兄长们。

ahūn
[形] 年长的。
[名] ① 兄，哥哥。② 阿哥，即清代皇子的通称。
[名] 兄，哥哥。

afambi
[副动] ᠠᡶᠠ+ᠮᠪᠢ，词根+先行副动形式附加成分：预先发作。
[副动] ① 交战，战斗。② 打闹，哄闹。③ 执事，担任，任职。④ 绊跤，跌跤，颠沛。

adarame
[副] ① 如何，怎样，怎么。② 反问语气：怎么能，怎么好，岂能。

adalilyan
[形] ᠠᡩᠠᠯᡳ+词根+形容词比较级附加成分：略像，微似。

aide
与⋯⋯同。②在何处。

aibide
[代] 词根+与位格附加成分：①何以，因何，分：何处，何在，哪里，什么地方。

aiyadere
[副] ②岂肯有。

aiyokto
[代] ①词根+动名词附加成分+与位格附加成何妨。

aibi
[代] 词根+动名词附加成分：何有，何处，何妨。

aihendure
[词组] 什么意思，怎好意思。

aihaqin
[词组] 怎这样，怎么这么。

aigeli
[词组] 何况，而况，莫说，别说，说什么。

aiganahū akū
[词组] 岂有此理，岂敢。

aigajiha
[词组] 怎敢，好说。

aibaihe
[词组] 何必，何必，去做什么，拿（用）去了什么。

aibaita
[词组] 有何用，什么事。

aikabade
[不及] 词根+去向态附加成分+动词一般过去时附加成分：曾怎么样。

aikanaha
[副] 好像……。

aibiseyun
[连] 词根+连词附加成分：设若，尚若，尚或。要求后面用从格、与格形式的词呼应。

aibimbi
[代] 什么，什么样，何等，没什么，没啥了不起，各种各样

②难道，莫非。

aiba
[形] 词根+形容词比较级附加成分：微肿，不及〕肿，浮肿。

aiqi
[副] 与⋯⋯同。

aici
[代] 词根+比从格附加成分：何样，是什么之意。

aini
[副] 词根+工具格附加成分：无以，即

ainambahafi

怎么得。

成分+顺序副动形式附加成分：怎能得到，如何得，分：未必呢，怎么了呢。

ainahafi
[副动] ᡓ᠊᠊ᡳ᠋᠋ᡳ᠊᠊᠋᠋᠋᠋᠋᠋᠋，词根+获取附加成分+完成态附加

ainaha okini
[形动] ᡓ᠊᠊ᡳ᠋᠋ᡳ᠊᠊᠋᠋᠋᠋᠋᠋᠋，词根+完成态附加成分+语气附加成分：未必呢，怎么了呢。

ainahai
[副动] ᡓ᠊᠊ᡳ᠋᠋ᡳ᠊᠊᠋᠋᠋᠋᠋᠋᠋，词根+连续副动形式附加成分：未必，岂有，怎能。

ainambi
[词组] 不拘，怎么罢。

aimaki
[形动] ᡓ᠊᠊ᡳ᠋᠋ᡳ᠊᠊᠋᠋᠋᠋᠋᠋᠋，词根+形动词附加成分：怎么，什么样，断然。

①做什么，干什么，何用。②能怎样，奈何。

aimabahafi
[及、不及] ᡓ᠊᠊ᡳ᠋᠋ᡳ᠊᠊᠋᠋᠋᠋᠋᠋᠋，词根+动词一般现在时附加成分：

[副] 莫非，想必，不知是什么。

[连] 好像是。

aikaambi
在时附加成分：恐有不测，没有意想不到的事。

[不及] ᡓ᠊᠊ᡳ᠋᠋ᡳ᠊᠊᠋᠋᠋᠋᠋᠋᠋，词根+去向态附加成分+动词一般现

---

aisi
盈利。

aiserceñge
[名] ①利，利益，益处，好处。②利息，利润，

aisembi
[动名] ᡓ᠊᠊ᡳ᠋᠋ᡳ᠊᠊᠋᠋᠋᠋᠋᠋᠋，词根+动名词附加成分：说什么的。

何用，为何，可足论，不必。

ainci
[副动] ᡓ᠊᠊ᡳ᠋᠋ᡳ᠊᠊᠋᠋᠋᠋᠋᠋᠋，词根+并列副动形式附加成分：何必，及、不及] 说什么，怎么说。

ainu
[小] 想是，想必，敢是。用于句尾。

[副] 为何，因何，何故，怎么。

[副] 想是，想必，或是。

ainaqi ojoro
[副动] ᡓ᠊᠊ᡳ᠋᠋ᡳ᠊᠊᠋᠋᠋᠋᠋᠋᠋，词根+并列副动形式附加成分：要怎样。

ainaqi
[词组] 怎么处，将怎样才行。

ainame
[不及] ᡓ᠊᠊ᡳ᠋᠋ᡳ᠊᠊᠋᠋᠋᠋᠋᠋᠋，词根+形动词一般将来时附加成分：怎么样，怎么办。

[动名] ᡓ᠊᠊ᡳ᠋᠋ᡳ᠊᠊᠋᠋᠋᠋᠋᠋᠋，词根+名词比从格附加成分：要怎样。

[词组] 怎么处，将怎样才行。

[副动] ᡓ᠊᠊ᡳ᠋᠋ᡳ᠊᠊᠋᠋᠋᠋᠋᠋᠋，词根+并列副动形式附加成分：做什么，干什么，为什么。

ainambihe
[不及] ᡓ᠊᠊ᡳ᠋᠋ᡳ᠊᠊᠋᠋᠋᠋᠋᠋᠋，词根+动词过去现在时附加成分。

125

ajabume gisurembi
[词组] 开端，打头说。

ajabume
动形式附加成分。

ajabumbi
[副动] 词根+使动、被动态附加成分+并列副动形式附加成分。
③开始，发起，挑起。

ajambi
[及、不及] ①被划破，被割破。②稍微割破、划破。

[形] 金黄的，金色的。

[及、不及] 割破，划破。

[名] ①金，金子。②金，即五行之一。

分∷助语。

aisilandumbi
[动名] 词根+行为附加成分+动名词附加成分+动词一般现在时附加成分：相帮，相助。

aisilame
[副动] 词根+行为附加成分+并列副动形式附加成分。

aisilambi
时附加成分：辅助，帮助，援助，资助，捐献。

[不及] 词根+行为附加成分+动词一般现在

---

akvmbumbi
[及] 词根+使动态附加成分+动词一般现在时附加成分：尽，竭尽，尽到。

akv
[及] 词根+使动、被动态附加成分+并列副

[副] 不。

[形] 无，没，没有。

akdulaha
[语] (猛被触痛所发之声) 哎哟。

akdulambi
[形动] 词根+行为附加成分+动词一般过去时附加成分。

一般现在时附加成分：巩固，使变坚固。②保护，保卫，保险。③保证，保举。

akaqu
[名] ①伤心，伤感，悲伤，忧愁。②作难，为难。

akambi
[不及] 词根+名词附加成分，词根+行为附加成分+动词

ajigesi
[形] ①小，细小，微小。②幼小的，年幼的，幼稚的。

ajigen
[名] ♀ 表示小、细、幼等状态的人或事。

ajige
[形] ①小，细小，微小。②幼小的，年幼的，幼

词根+形容词比较级附加成分：小些。

清文助语虚字注述

ᠠᡳᠠᡶᡳ
a i a fi
加成分：告诉了后。

ᠠᡳᠠᡥᠠᡳ
a i a ha i
[副动] ᠠᡳᠠ+ᡥᠠᡳ，词根+行为附加成分+顺序副动形式附加成分：①讲，说，告诉，诉说。②划（桦树皮）。

ᠠᡴᡡᠴᡳ
a kv qi
[不及] ᠠᡴᡡ+ᠴᡳ，词根+行为附加成分+动词一般现在时树皮。

[名] ①（平矮的）山丘。②原（野）。

[不及] 的祈使式：①讲，说，告诉。②划（桦

[连] 若不，莫不是；不然，不要，否则。

[形] 没有的，无有的。

ᠠᡴᡡᠨᠠᡥᠠᠪᡳ
a kv na ha bi
完成时附加成分：已经没了，已经尽了。

ᠠᡴᡡᠨ
a kv n
[不及] ᠠᡴᡡ+ᠨ，词根+去向态附加成分+动词现在
主格形式：①没有吗，没有么。②不吗，不么。

ᠠᡴᡡᠮᠪᡳ᠌ᠮᡝ
a kv m bu me
[副动] ᠠᡴᡡ+ᠮᠪᡳ᠌ᠮᡝ，词根+使动态附加成分+并列副动形式附加成分。

ᠠᠯᠪᠠ
a l ban
[名] ①差役，差使，徭役，官差。②公务，勤务，义务。③贡赋，贡品。④公家，官方，官府。

ᠠᠯᠪᠠ ᡥᠠᠯᠠᠨ ᠠᡴᡡ
a l ban ha lan a kv
[词组] 没要紧。

[及、不及] ①接受，敬领，名誉，声望。②（动）公水獭，

ᠠᠯᠠᡵᠠᡩᡝ᠋ᠣ
a la ra deo
[名] ①名声，名望，

③忍受，遭受，蒙受，经受，受到。④享受，接受，接纳，享用。

ᠠᠯᠠᠮᠪᡳ᠌ᠪᡳᡤᡝ
a l ban ji ban ge
[形动] ᠠᠯᠠ+ᠮᠪᡳ᠌ᠪᡳᡤᡝ，词根+行为附加成分+语气附加成分：要告诉么。

[不及] ᠠᠯᠠ+ᠮᠪᡳ᠌，词根+行为附加成分+动词一般将来时附加成分：来告诉。

[形动] ᠠᠯᠠ+ᠨᠵᡳᠮᠪᡳ，词根+行为附加成分+动词一般现在时附加成分：来告诉的。

ᠠᠯᠠᠨᠵᡳᠮᠪᡳ
a lan ji m bi
[不及] ᠠᠯᠠ+ᠨᠵᡳᠮᠪᡳ，词根+行为附加成分+动词一般现在时附加成分：来告诉。

[形动] ᠠᠯᠠ+ᠮᠪᡳ᠌，词根+行为附加成分+形动词附加成分+动词一般现在时附加成分：来告诉的。

ᠠᠯᠠᡥᠠ
a l ha
[不及] ᠠᠯᠠ+ᡥᠠ，词根+行为附加成分+去向态附加成分：去告诉。

[及] ᠠᠯᠠ+ᡥᠠ，词根+行为附加成分+动词一般过去时附加成分：告诉了。

aljambi
色、失色。④答应，允许，应许。

aliyarakū
[不及] ①离开，分离。②辞别，分别。③（脸）变分：不等。

[形动] 词根+动词形式否定式附加成分 在时附加成分：且等且走，慢着走。

aliyakiyambi
[不及] 词根+开展附加成分+动词一般现在时附加成分：已经等了。

aliyambi
[不及] 词根+动词现在完成时附加成分：①等候，等待，期待。②悔恨，后悔，懊悔，忏悔。

alime
[副动] 词根+并列副动形式附加成分。当不起。

alimbaharakū
[形动] 加成分+动词否定式附加成分：不胜，无法胜任，担承担，供认。⑦值（班）。

alimbi
[形动] 词根+获取附加成分+完成态附加成分。收受。⑤承当，承（办），主（管），专营。⑥承认，承担，供认。⑦值（班）。

---

amtan
[名] ①味，味道，滋味。②兴趣。

ambula
[形] 广，多。
[副] ①极，甚，非常，很，十分。②大肆。
[语] 略大的，系旧清语，与 同。

ambasa
[名] 词根+名词复数附加成分：臣等，大人们。

amba
[名] 臣，大臣。
[形] 大的，巨大的，庞大的。

ambakan
[形] 词根+形容词比较级附加成分：略大+程度范围附加成分：大些的。

ambakasi
[形] 词根+程度副词附加成分：略大，稍大。

amba
[形] 大，巨大的，庞大的，大型的。

amai
[形] 以后的，后来的，将来的。

ama
[代] 父亲，爸爸，又作 。

aljafi
[副动] 词根+顺序副动形式附加成分。

anaṛa

[及、不及] ᡪ的互动态：①推诿，推卸，推托。③拖延。

anaḥūnjara

现在时附加成分：①ᡪ的互动态：②推诿，推卸，推托。③拖延。

anatambi

[及、不及] ᡪ，词根+一般将来时附加成分次，挨次。

anaša

[及、不及] ᡪ，词根+力做附加成分+动词一般现在时附加成分：①ᡪ的互动态：推搡。②推诿，推卸，迁延，延期。③排挤，排斥，歧视。④推迟，推延，推卸，推脱。⑤挺（胸）。⑥扶（犁）。⑦依次，挨次。

[形动] ᡪ，词根+形动词附加成分：谦让的。

[及、不及] ᡪ，词根+名词附加成分：让。

① 谦让。② 退缩。

anaḥūnjara

[名] 喜好，爱好。

amu maḡa

[词组] 好睡。

amu

[名] ①伯母。②觉，眠，睡眠。③胰，胰脏。

amtan baṣambi

[词组] 得意。

aqambi

[及、不及] ᡪ，词根+动词一般现在时附加成分：①和好。②联合，合伙，结伙。③会见，拜会，引见，谒见。④相会，相遇，遇见，碰上。⑤合宜，恰当，符合。⑥应该，应当。⑦和谐，情投意合。⑧相接，衔接，连接，交（界）。⑨会合，汇合，会（师）。⑩吊祭，吊孝。

antuḥū

[代] 怎样，何如，如何。

[名] 客人，宾客。

[连] 与其，不但，不唯，强如。

人口，户口。

[及、不及] ᡪ，词根+全部范围附加成分：所有的人，

anḡala aqambi

[词组] 对质。

anḡa

[名] ①口，嘴。②口子，出入口。

antaḥa

[词组] 口舌是非。

antu

[名] ①辇，即挽车。②挨次。

aqun

【名】意见、想法、看法、观点或行为等。

aqubiyadambi

在时附加成分：用逸言脏讼，形逸，调唆，说坏话。

【不及】词根+动用附加成分+动词一般现在时附加成分：用逸言脏讼，形逸，调唆，说坏话。

aqu

【名】①合、会、汇合。②同，共同。③骨牌。

④搭配。

aqujambi

①凑合。②相通，相连接。③挨着，尾随，赘相会的，应该的，合适的。

【不及】词根+动词一般过去时附加成分：（指人或事）相会，将应该。

aqunambi

【及、不及】词根+动名词附加成分：将相会，将合适。

ausu

①合宜，恰当，适合，吻合。②应当，应该。

aqunaqge

【及、不及】词根+动词一般将来时附加成分：将在时附加成分：①的去向态。②允协，符合，

【不及】词根+去向态附加成分+动词一般现

asarambio

着，收着吗。

asarambi

【及】①收贮，贮藏，储藏，保存，存放。②停放

asaqi

【及】寻常的，平常的，一般的，中等的。将儿，刚刚，好不容易。

ara

【副】词根+程度副词附加成分：才，恰好，将

ars

【语】受疼挨忍不过发出的呻吟之声，痛哭痛忍不过出的痛苦之声。

arabanqge

【及、不及】词根+并列动形式附加成分。

arambi

【副动】词根+动词一般将来时附加成分。

araqi

【形动】词根+形动形式附加成分：做了的。

aru

【语】猛然想起哎呀之声，惊怕惊讶之声。

unbeb e unbu

【词组】①自相矛盾，龃龉，抵牾，两下都有对错。②偏遇其人不快，偏偏又偏偏。

bahambi

[及] ①找到。②得，得到；收到，接到；取得，获得，博得。③丰收。④领会，懂得。⑤患(病)。

ba wen

拟 霸王。

bade

[时位] ᠪᠠᡩᡝ，词根+与位格附加成分：地方上。

[连] 还，尚且，况且，还已，犹已。

babi

[量] 里。

[动名] ᠪᠠᠪᡳ，词根+动名词附加成分：(有)地儿，(有)出处。

ba

[名] ①地，土地，大地。②地方，地域，地区，地带。③地点，方位。④里程，路程。⑤位，席位，位置。

B ᠪ

[小] 用在句尾表示怀疑的语气：唯恐，恐怕。

biqibe

[词组] 终究。

atañgi

[副] 几时，何时，什么时候。

bai

[形] ①白白的，闲散的，无代价的，无报酬的，无所事事的。②闲的，闲散的，等闲的，平白的。③地方的。

bahanarakv

[形动] ᠪᠠᡥᠠᠨᠠᡵᠠᡣᡡ，词根+完成态附加成分+去向态附加成分+动词否定式附加成分：没会。

bahao

[及] ᠪᠠᡥᠠᠣ，词根+完成态附加成分+假定副动形式附加成分：尚得到，如得到，若得到。

bahafi

[副动] ᠪᠠᡥᠠᡶᡳ，词根+连续副动形式附加成分：获得之后。

babi

[不及] ᠪᠠᠪᡳ，词根+动词现在完成时附加成分：了，得到了。

bahv

[不及] ᠪᠠᡥᡡ，词根+动词一般过去时附加成分：找到

ᠪᠠᡳᠰᡳᠨ baisin
【名】白丁，即无官守言责之逸人。②暇，空闲人寻找。

ᠪᠠᡳᠰᡠ baisu
【及】词根+动词祈使式附加成分：令人求，令分：要找么。

ᠪᠠᡳᡵᡝᡩᡝᠣ bairedeo
【形动】词根+形动词附加成分：谋求着之后。

ᠪᠠᡳᡵᡳ bairi
【动名】词根+动名词附加成分+语气附加成分：要找么。

ᠪᠠᡳᠮᠪᡳ baimbi
【副动】词根+顺序副动形式附加成分：找到求，搜索。③请求，央求，要求。④问安，问候。⑤乞讨。⑥投奔。

baimbi
【及】①寻，找，寻找，寻觅。②探求，探索，追求，搜索。③请求，央求，要求。④问安，问候。⑤乞讨。⑥投奔。

baibi
【副】①只是，不过，仅仅，仅是。②徒劳无功地，枉费心机地，平白地，白白地，枉然地。

baibi
【语】罢呀。

【副】不过，只不过，无非，与ᠰᡝᠮᡝ同。

ᠪᠠᡳᠵᠠᡳ baijai
【形】轻慢，无理。

【副】①胡，妄，乱。②太，过分。

baitalarakv
【形动】词根+行为附加成分+动词否定式附加成分：不用。

baitalara
【动名】词根+行为附加成分+动名词附加成分：用处。

baitalaqi
【副动】词根+行为附加成分+假定副动形式附加成分：①用，使用，利用，运用现在时附加成分：①用，使用，利用，运用。②需要，需用，所需。③录用。

baitalambi bade
【及、不及】词根+行为附加成分+动词一般现在时附加成分：①用，使用，利用，运用。②需要，需用，所需。③录用。

baitakv
【词组】没要紧处，非要紧之处中用的。②没有事，不要紧的。

baitai
【形】ᠪᠠᡳᡨᠠᡳ，词根+形容词附加成分：①无用的，不③案件。

baita
【名】①事，事情，事务。②乱子，事故，事件。

balai iqi

[词组] 胡闹混来。

banixa

[名] 道谢，致谢。

banjin

[名] banji+n，词根+名词附加成分：①生活，生计，生涯。②生性，与 banin 同。

banjimbi

[及、不及] banji+mbi，词根+动词一般现在时附加成分：①生活，生存，度日，谋生。②诞生，出世，出生。③生，生育，生产。④长，生长，长出，生出。⑤出现，产生，发生，滋生。

banjiha

[及、不及] banji+ha，词根+动词一般过去时附加成分。

banjime

[副动] banji+me，词根+并列副动形式附加成分。

banjinambi

[及、不及] banji+na+mbi，词根+去向态附加成分+动词一般现在时附加成分：生出，过活。

bargiyatambi

[及] ①收，收拢，收起来，聚拢。②收集，聚集，搜集，搜罗。③收敛，约束，控制。④收拾，整理，整顿。⑤收获，收割。⑥收复，收回；没收，收缴。⑦收受，收取，收到，得到，获得。⑧结束，停止。

bargiyatara

[形动] bargiyata+ra，词根+形动词一般将来时附加成分：收的，约束的等。

baru

[后] ①向，向着，方面，面向。②跟，与，和。

basumbi

[及] basu+mbi，词根+动词一般现在时附加成分：耻笑，嘲笑，讥笑，讪笑。

basumbikai

[及] basu+mbi+kai，词根+一般现在时附加成分+语气附加成分。

basunumbi

[及] basu+nu+mbi，词根+齐动态附加成分+动词一般现在时附加成分：一起耻笑。

basuqun

[名] basu+qun，词根+名词附加成分：笑柄，笑话，笑料。

bata

[名] 敌人，对头，仇家。

备了。

ᠪᡳᠮᠪᡳ bimbi,词根+动词一般过去时附加成分：准备，预备，筹备，筹办。

ᠪᡝ be
【名】米。

ᠪᡝᡳ bei
【名】墨。

ᠪᡝ be
【语】表示解释的语气，在句尾用：也。+

ᠪᡝ be
【代】我们，我等。
【助】①宾格：把，将，也，以，用；使，叫，令。
②经格：经，经过。
③车辄。④伯，即公侯伯子男之伯的音译词。

ᠪᠠᠶᠠ baya
【名】①饲料，专指鸟类家禽之食物。②鱼饵。

ᠪᠠᠶᠠᠨ bayan
【形】①富，富裕的，富饶的，殷实的。②众多的。
③（痘花出得）好。
④勇，封谥等处用语。[形]勇敢的，勇武的，勇猛的，英勇的，的勇猛的，英勇的号，义为勇。

ᠪᠠᡨᡠᡵᡠ baturu
【名】①英雄，勇士。②巴图鲁，清代历史上的一种称

ᠪᡳᡩᡝᡵᡝ bidere
【不及】 ᠪᡳᠮᠪᡳ,词根+语气词附加成分：想是有罢。

ᠪᡳᠮᠪᡳ bimbi
【不及】,词根+动词一般现在时附加成分：包括。
①在，在着，存在。②有，有着，具有。③包含，包括。

ᠪᡳ bi
【不及】①有。②在，在于，处在。用在句尾。

ᠪᡝᠶᡝᡩᡝ beyede
【代】①我。②朕，自秦始皇时起专用作皇帝自称。用在句首。

ᠪᡝᠶᡝᡳ beyei
【副】,词根+领属格附加成分：自己的。

ᠪᡝᠶᡝ beye
【代词】,词根+与位格附加成分：在身。

ᠪᡝᠶᡝ beye
【名】①身，身体。②躯，躯壳，身躯，身材，身段。③体格，体质，体力。④自己，本人，亲自。

ᠪᡝ be
【小】 ᠪᡝ,助词+语气附加成分、感叹、反诘语气附加成分：吗，么，乎，欤等。ᠪᡝ 字附加疑问、感叹、反诘语气附加成分：吗，么，乎，欤等。

ᠪᡝᠯᡥᡝᡴᡳ belheki
【名】能力，能为，本事。

ᠪᡝᠯᡥᡝ belhe
【副动】 ᠪᡝᠯᡥᡝ,词根+假定副动形式附加成分。

bihekvn
[不及] ᠊ᠪᡳᡥᡝᡴᡡᠨ，词根+动词过去时否定疑问式附加成分：不曾来着么，没有来着么。

bihekv
[不及] ᠊ᠪᡳᡥᡝᡴᡡ，词根+动词过去时否定式附加成分：不曾来着，没有来着。

bihei
[副动] ᠊ᠪᡳᡥᡝᡳ，词根+连续副动形式附加成分：尽着有，只管在。

bihede
[词组] ᠊ᠪᡳᡥᡝᡩᡝ，词根+完成态附加成分+形动形式附加成分：(过去) 有了的。

bihe biqi
[词组] 若有来着，若在来着；尚曾，若曾经。

bihe bihei
[形动] ᠊ᠪᡳᡥᡝ ᠊ᠪᡳᡥᡝᡳ，词根+连续副动形式附加成分：尽着有，只管在。

bihe
[副动] ᠊ᠪᡳᡥᡝ，词根+动词过去时附加成分：(过去) 有了的。

bi
[不及] ᠊ᠪᡳ，词根+一般过去时动词的附加成分构成过去完成时附加成分，亦可联写。过去时：(过去) 有了，在了。②与前一个一般过去时动词的附加成分之后。①的

bifi
[副动] ᠊ᠪᡳᡶᡳ，词根+顺序副动形式附加成分：有、在之后。

bina
[不及] ᠊ᠪᡳᠨᠠ，词根+连词附加成分：有啊，在啊。带有微微质疑语气。

bime
[连] ᠊ᠪᡳᠮᡝ，词根+连词附加成分：而，而且，并且；又。

bimbihebi
[不及] ᠊ᠪᡳᠮᠪᡳᡥᡝᠪᡳ，词根+动词过去时现在时附加成分。具强调语气。

bimbihe
[不及] ᠊ᠪᡳᠮᠪᡳᡥᡝ，词根+动词过去时现在时附加成分。吧，存着去罢。

bikai
[不及] ᠊ᠪᡳᡴᠠᡳ，词根+动词祈愿式附加成分：欲在。

biki
[不及] ᠊ᠪᡳᡴᡳ，词根+动词祈愿式附加成分：有着去。

bikini
[不及] ᠊ᠪᡳᡴᡳᠨᡳ，词根+语气附加成分：有啊，在啊。

bio
[不及] ᠊ᠪᡳᠣ，词根+过去时疑问式附加成分。

biheni
[不及] ᠊ᠪᡳᡥᡝᠨᡳ，词根+完成态附加成分+语气附加成分。

bihengge
[不及] ᠊ᠪᡳᡥᡝᠩᡤᡝ，词根+形动词疑问式附加成分。

biheo
[形动] ᠊ᠪᡳᡥᡝᠣ，词根+形动形式附加成分。

bihebi
[形动] ᠊ᠪᡳᡥᡝᠪᡳ，词根+形动形式附加成分。没有来着的，没在来着的。

bihekvnge
[形动] ᠊ᠪᡳᡥᡝᡴᡡᠨᡤᡝ，词根+过去否定式形容词附加成分：

bisirakvňge ᠪᡳᠰᡳᡵᠠᡣᡢᠨᡤᡝᠣ
[形] ᠪᡳᠰᡳᡵᠠᡣᡢᠨᡤᡝᠣ，词根+范围附加成分+否定疑问式形容词附加成分：不在的么。

bisirakv ᠪᡳᠰᡳᡵᠠᡣᡢ
[形动] ᠪᡳᠰᡳᡵᠠᡣᡢ，词根+范围附加成分+否定式形容加成分：不在的。

bisirakvn ᠪᡳᠰᡳᡵᠠᡣᡢᠨ
[形动] ᠪᡳᠰᡳᡵᠠᡣᡢᠨ，词根+范围附加成分+否定疑问式附加成分：不在么，有着罢。

biqina
[不及] ᠪᡳᡢᡳᠨᠠ，词根+动词期望祈使式附加成分：存着是呢，有着罢。

biqibe
[连] 虽有，虽然，虽则，常与 ᠴᡝ 连用。

biqi
[不及] ᠪᡳᡢᡳ，词根+假定副动形式附加成分：如有，若在。

bio
[不及] ᠪᡳᠣ，词根+语气词：有吗，有么。

bini
[不及] ᠪᡳᠨᡳ，词根+语气附加成分：有呢。

---

birai
[代] ᠪᡳᡵᠠᡳ，词根+代词领属格附加成分：河流的。

bira
[名] 河，川，河流。

bitele
[副动] ᠪᡳᡨᡝᠯᡝ，词根+直至副动形式附加成分：至于有。

bisu
[不及] ᠪᡳᠰᡠ，词根+动词祈使式附加成分：使留，分：有的，在者，所有的。

bisirehge
[动名] ᠪᡳᠰᡳᡵᡝᡥᡤᡝ，词根+范围附加成分+全部范围附加成分：所有，凡所在。

bisirele
[形动] ᠪᡳᠰᡳᡵᡝᠯᡝ，词根+范围附加成分+动名词附加成分+名词工具格附加成分：以其有。

bisirei
[动名] ᠪᡳᠰᡳᡵᡝᡳ，词根+范围附加成分+与位格附加成分：在的时候，有的时候。

bisirede
[动名] ᠪᡳᠰᡳᡵᡝᡩᡝ，词根+范围附加成分+行为附加成分：
① 有，具有。
② 所有，全部，全体。
③ 在，存在。

bisire
[形动] ᠪᡳᠰᡳᡵᡝ，词根+范围附加成分+行为附加成分：

bodoro

[名] ①想法，念头，打算。②韬略，计策。③算，计算，推算，演算。④料，料想，谅必。⑤估量，估计，估摸。⑥相地殴兽考，思忖，思索，考虑。

bodombi

[及] ①想，思考，思忖，思索，考虑。②打算，计划，筹划。

bithei

[代] ，词根+领属格附加成分。bithe 的领属格形式：书的。

bithe

[名] ①书，书本，图书。②书札，书信，书简，信函。③文书，文件。④（文武的）文。

biretei

[副动] ，词根+极尽副动形式附加成分：普遍，一切，普遍。

bireme

[副动] ，词根+并列副动形式附加成分：一概，普里一概。

birembi

[及] ①（用擀面棍）擀。②闯，撞，冲撞。③袭击，冲击，攻击。④水冲，冲刷。

---

bu

[不及] bu 的祈使式：令人给。

boxonombi

[及] ①去催。②去驱逐。

boxombi

[及] ①催，督促。②赶车。③驱逐，撵。④统管。

boo

[名] ①房，舍，屋。②家，家室，住宅。

booi

[代] ，词根+领属格附加成分：家里的，在家里。

boode

[副] ，词根+名词与位格附加成分：在家里。

booi

[名] ①山阴，阴面。②布。

bongjimbi

[及] 使人送去，使人送往。

bodorakū

[不及] ，词根+动词否定式附加成分：不考虑，不想。

bodonggiyambi

[形] ①自言自语。②思索，考虑。③暗自盘算，暗自思忖，算计在时附加成分：①暗自盘算，暗自思忖，算计。

bodohonggo

[不及] ，词根+行为附加成分+动词一般现在时附加成分

[形] ①有谋略的，有计谋的。②慧，封谥等处用语词根+完成态附加成分+形容词附加成

bodohon

[名] ，词根+名词附加成分：谋略。

bultaǎumbi ᠪᡠᠯᡨᠠᠴᡠᠮᠪᡳ

[形] 词根+形容词附加成分：叠暴露出状，大鉴。

突出的，鼓出的，露出的。

bultaǎuku ᠪᡠᠯᡨᠠᠴᡠᡴᡠ

[不及] ᠪᡠᡥᡝᡳᡤᡝ+ᠪᡳ，词根+动用附加成分+动词一般现在时附加成分：①照镜子。②洞鉴，借鉴，台鉴，来，原本，原先，起初。④原，封谥等处用语。

[名] 饭。

buki ᠪᡠᡴᡳ

[名] ①镜子。②护心镜。③鉴，殷鉴，借鉴。

buhe ᠪᡠᡥᡝ

[副动] ᠪᡠᡥᡝ+ᠪᡳ，词根+动词假定副动形式附加成分：想给，欲给。

buhebiǎe ᠪᡠᡥᡝᠪᡳᠴᡝ

[形动] 词根+形动形式附加成分。

buhei ᠪᡠᡥᡝᡳ

[及] ᠪᡠᡥᡝᡳ+ᡳ，词根+动词顺序副动形式附加成分。

buhekū ᠪᡠᡥᡝᡴᡡ

[副动] ᠪᡠᡥᡝᡴᡡ+ᠪᡳ，词根+动词过去时否定式附加成分：给了。

buki ᠪᡠᡴᡳ

[及] ᠪᡠᡴᡳ+ᡳ，词根+动词祈愿式附加成分：想给，欲给。

bumbi ᠪᡠᠮᠪᡳ

[及] ᠪᡠᠮᠪᡳ+ᡳ，词根+动词一般现在时附加成分：①给，②（作助动词时，表示一种施予的关系）。

给予；交给，供给，还给，递给；赋予。

D ᡩ ᡩ

[及、不及] ᡩᠠ 的祈使式。

伸时两手间的距离。②张、枝、根、条、颗、尾、杆。

[量] ①庹，约五尺合为一庹，相当于成人两臂左右平

[名] ①头目，首领，长官。②根，本，源。③原

C ᠴ ᠴ

[拟] 汉语借用词：仓，仓库，仓房。与 ᠴᠠ 同。

buy ᠪᡠᠶ

[形] ①小的，细小的，碎小的。②年幼的，年纪小的。③卑微的，小气小样的。

buqetei ᠪᡠᡴᡝᡨᡝᡳ

[副动] ᠪᡠᡴᡝᡨᡝᡳ+ᡳ，词根+极尽副动形式附加成分：抵死。

buqembi ᠪᡠᡴᡝᠮᠪᡳ

[不及] 死亡，死亡。

bultaǎvi ᠪᡠᠯᡨᠠᡥᠣᡳ

[形] 词根+形容词附加成分+程度范围附加成分：全露出的，全突出的，全鼓出的。

daḣūwambi

①随，服从，听从。③随，从，跟，伴随，尾随，追随。②依从，顺从，服从。③尊，遵从，遵照，遵循。④沿

[及、不及] ᡩᠠᡥᡡᠮᡝ，词根+动词一般现在时附加成分：

daḣūmbi

[及] 又，亦，也，且，而且。

daḣūbai

[副] 原来，本来，当初，起初。

不止。

daḣūyumbi

[副动] ᡩᠠᡥᡡᠮᡝ+ᡳ，成分+连续副动形式附加成分：燃

③点，点燃。

daḣūbaḣi

[及] ①算作，算为，包括在内。②牵扯，牵连。

[后] 除了，除非。要求前面的词为属格形式，肯定之词。用于句尾。要求前面的动词要用形动形式。

[小罢] 而已，耳。表示不过是这样罢了，略质疑的（事），犯（罪）。

dambi

[及] ①管，干预，干涉。②援，援助，救援，增援。③烧着，点着。④吹动，刮（风）。动手，犯（手），滋

---

daḣin

daḣin i

[副] 复，再。

[词组] 一再，再三，再三再四，三番五次。

daḣaḣuambi

ᡩᠠᡥᠠᡥᡡᠸᠠᠮᠪᡳ

[副] 反复地，重复地，再三地。

daḣaqibe

[副动] ᡩᠠᡥᠠ+ᠴᡳᠪᡝ，词根+让步副动形式附加成分：虽附和，虽服从。

daḣaḣūakv

[不及] ①逢迎，随声附和。②因循，沿循。

未从。

daḣaḣunakv

[形动] ᡩᠠᡥᠠ+ᡥᡡᠨ+ᠠᡴᡡ，词根+动词否定式附加成分+否定式形容词附加成分：不投降，不投顺。

daḣanjirakvŋge

[形] ᡩᠠᡥᠠᠨᠵᡳ+ᡵᠠᡴᡡ+ᠩᢉᡝ，词根+来向附加成分+否定式形动词附加成分。

[不及] 来投降，来归顺。

daḣanjimbi

[副动] ᡩᠠᡥᠠ+ᠨᠵᡳ，词根+并列副动形式附加成分。

分：依……啊。

daḣambio

[及、不及] ᡩᠠᡥᠠ+ᠮᠪᡳᠣ，词根+一般现在时疑问式附加成

顺，投降。

着，顺着，因循。⑤既然那样。⑥归化，归附，归

darufi
〔形〕经常的，常常的。

darimbi
〔副〕经常，常常，经常不断。

darifi
〔副动〕，词根+顺序副动形式附加成分：经过，到。

daqi
〔副〕①向来，平素，平时。②撞。③攻讦，讥讽。④经过，途经，路过，取道。⑤（从侧面）磨破掠过，接过，蹭边，挨擦过去。⑥（马背等）磨破成疮。

dašibuha
〔及、不及〕①撞。②起初，原来。

dašimbi
〔及〕，词根+被动态附加成分+一般过去时附加成分：被数落了。

daši
〔名〕①册，档册，档案。②户籍。抢白，斥责，责备，数落。

dašun
〔副〕唯独，只是，仅仅。

dašun dašuni
〔词组〕反复，重复，一再，再三再四，三番五次。

de
〔助〕①位格：在……方向，在……上面、里头，表示所在位置；在……的地方，往……方向，在……时间，在……时候，表示时间概念；在……的去向态。②依从，依附，相随，符合。

dayambi
〔副动〕，词根+去向态附加成分：①依附，依从，相随，符合。

dayanambi
〔不及〕，词根+去向态附加成分+动词一般现在时附加成分：①依附，依从，相随，符合。

dasihiyambi
〔不及〕，词根+去向态附加成分+假定副动形式附加成分。

dasimbi
〔及〕，词根+动用附加成分+动词一般现在时附加成分：（用掸子、拂尘等）掸，拂，掸除。

dasumbi
〔及〕①盖，罩，掩，覆盖，蒙盖。②遮掩，遮盖。

dasambi
〔名〕国政，政治。
⑦治，治理。
⑤摆设。⑥医治，治疗。修造，修筑。③改正，矫正。④修建，修订，修正，更改，批改。
〔及〕①修，修理，整理，整修，修缮。②修改，修

deqin ᡩᡝᡴᡳᠨ
[名] 悌，悌顺。

deodun ᡩᡝᠣᡩᡠᠨ
[名] ᡩᡝᠣ，词根+复数形式附加成分：弟弟们。

deo ᡩᡝᠣ
[名] ①弟弟，兄弟。②老弟。

dengjan ᡩᡝᠩᠵᠠᠨ
[名] 灯。

dengnéci ᡩᡝᠩᠨᡝᠴᡳ
[词组] 讨凭据。

den ᡩᡝᠨ
[形] 高的，高大的，高昂的，高度的。

debtelin ᡩᡝᠪᡨᡝᠯᡳᠨ
[量] 本，册，卷。
[名] ①本，本子，册，册子，簿。②书本。

debsehun ᡩᡝᠪᠰᡝᡥᡠᠨ
[形] 耷拉的。

debsembi ᡩᡝᠪᠰᡝᠮᠪᡳ
[形] 眨巴（眼睛）。
[及] ᡩᡝᠪᠰᡝ，词根+形容词附加成分：（眼皮）下垂的、耷拉的。

de ᡩᡝ
[及] ①凭借、假借、依靠等关系。②与格：与，给与，于，对于。表示动作或地点。③因格：由于，在于，因为。表示原因或因果关系、对象。④工具格：以，用，靠，表示行为的方向。

deri ᡩᡝᡵᡳ
一长一短的。

derbehun ᡩᡝᡵᠪᡝᡥᡠᠨ
[形] ①跛的，瘸的，瘸腿的。②（桌椅等）不齐的，不平的。

deyere ᡩᡝᠶᡝᡵᡝ
[名] 跛子，瘸子。

deyembi ᡩᡝᠶᡝᠮᠪᡳ
[形动] ᡩᡝᠶᡝ，词根+形动词附加成分。

deribure ᡩᡝᡵᡳᠪᡠᡵᡝ
[不及] 飞，飞行，飞翔。

deribumbi ᡩᡝᡵᡳᠪᡠᠮᠪᡳ
[形动] ᡩᡝᡵᡳᠪᡠ，词根+形动词附加成分。
[及、不及] ①开头，起头，开始，起源。②着手，入手，下手，创立。③萌芽，产生，发生，生成，形成。④挑起，惹起，肇事，引起。⑤奏乐。

deri ᡩᡝᡵᡳ
[助] ①从，自，由。②比，离。③以，用，靠着。

derengge ᡩᡝᡵᡝᠩᡤᡝ
[词组] 睹着面，当面。
[语] 啊，罢，耳，表示推断语气。

dere tokome ᡩᡝᡵᡝ ᡨᠣᡴᠣᠮᡝ
[动名] ᡩᡝᡵᡝ，词根+动名词附加成分：光荣的，体面的。

dere ᡩᡝᡵᡝ
[名] ①脸，面，脸面，脸皮。②面子，情面，体面。③桌子。④方，方面，方向。

donjimbi

② 听从，听取。

dolori

① 听，听到，听闻，听见，听说，听得见。

[时位] 词根从格附加成分：① 从内部，从里面，从里边。② 从心里，从内心，在心中。③ 暗地里，私下。

[名] 内廷，大内。

doko

② 心里，内心，心眼里，肚里。

[时位] ① 内，里，内部，里面，在……里，在……之内。

[及] 词根+力做附加成分+动词一般现在时附加成分：挂里子，吊里子，缝里子。

[形] 抄近的，近便的，径直的，便捷的。

[名] 里，里子。

doigonde

[时位] 预先，事先，提前。

dokomombi

[不及] 词根+形容词弱程度附加成分+动词一般现在时附加成分：微瘸。

dorgideri

从里头，从内部，经由里。② 暗中，私下，暗地里。

[时位] 词根+名词从格附加成分：① 从中，的，国内的。③ 大内的，宫廷的。

dorgi

[时位] ① 内，里，暗地。② 内部的，对内的，内地的，国内的。③ 大内的，宫廷的。

donjirengge

[动名] 词根+行为附加成分+动名词附加成分。

donjibi

[副动] 闻之。

donjirebuge

[及] 词根+假定副动形式附加成分。具强调语气。

donjibihebi

[形动] 凡所见闻。

donjihala

[形动] 词根+完成态附加成分+全部范围附加成分：到了。

donjiǰun

[及] 词根+动词一般过去时附加成分：听

dosika

进了，中了。

dosimbi

[及、不及] ᠊᠊᠊᠊᠊᠊᠊᠊᠊᠊᠊᠊᠊᠊᠊᠊᠊᠊，词根+动词一般过去时加成分：
①进，进入。②入，加入，参加，投入。③转，转入。④深陷，陷入，沉溺，入迷，着迷，上瘾。⑤考中，考上。

dosi

[方] 往里。

dorolon

[及、不及] ᠊᠊᠊᠊᠊᠊᠊᠊᠊᠊᠊᠊᠊᠊᠊᠊᠊᠊，词根+动词一般现在时加成分：
①礼，仪式。②礼，封谥等处用语。③履，封谥等处用语。

dorolombi

[名] ᠊᠊᠊᠊᠊᠊᠊᠊᠊᠊᠊᠊᠊᠊᠊᠊᠊᠊，词根+名词附加成分：①礼，礼仪，典礼，仪式。②礼，封谥等处用语。③行礼，施礼，敬礼。

doro

[名] ①道，道理。②礼仪，礼节，礼貌。③规矩，封谥等处用语。④政权，政体。⑤业，业绩。⑥道，规划，规律。

dorū

[及、不及] 过。

duin̄geri

[副] 原来，竟，却。句尾要用 ᠊᠊᠊᠊ 呼应。

duin

[数] ᠊᠊᠊᠊᠊᠊᠊᠊᠊᠊᠊᠊᠊᠊᠊᠊᠊᠊，词根+量词附加成分：四次，四遭。

[数] 四。

duhemburakv

[形动] 词形否定式附加成分：不予终结。

duhembumbi

[及] ᠊᠊᠊᠊᠊᠊᠊᠊᠊᠊᠊᠊᠊᠊᠊᠊᠊᠊，词根+使动、被动态附加成分+动词一般现在时附加成分：给终结，给遂愿。

duhede

[及] ᠊᠊᠊᠊᠊᠊᠊᠊᠊᠊᠊᠊᠊᠊᠊᠊᠊᠊，词根+使动、被动态附加成分+动词一般现在时附加成分：给终结，给遂愿。

[不及] 终结，结局，结束，告终，完结，遂愿。

[时位] ᠊᠊᠊᠊᠊᠊᠊᠊᠊᠊᠊᠊᠊᠊᠊᠊᠊᠊，词根+与位格附加成分：……的时候。⑤最末者，最次者，最劣者。

dube

[名] ①尖儿，尖端，尖顶。②梢，梢头。③端，头，尽头。④终，末，末端，末尾，终结，结尾。

dosikakv

[及、不及] ᠊᠊᠊᠊᠊᠊᠊᠊᠊᠊᠊᠊᠊᠊᠊᠊᠊᠊，词根+动词过去时否定式附加成分：未进，未中。

duturembi

[不及]词根+行为附加成分+动词一般现在时附加成分：①装聋，假装听不见。②误听，错听。

dufu

[名]聋子。[形]聋的，耳聋的。

durgeqembi

[不及]词根+频动态附加成分+动词一般现在时附加成分：震动不止，（病人身体）颤。

durgeke

[不及]①喧哗，嘈杂，喧嚷，吵嚷。②震，震动，震颤，轰动，骚动，骚乱。

duleke

[形动]词根+开展附加成分+一般过去时附加成分：去过了。

dulembi

[副动]词根+开展附加成分+动词一般过去时附加成分：词根+开展附加成分：①过，通过，过去，经过。②愈，痊愈，复元，恢复，好转。③着，燃，燃烧。

[及、不及]词根+开展附加成分+动词一般现在时附加成分：燃着，着火，起火。

E 了

efimbi

闹着玩，戏弄。①玩，耍，游玩，游戏，娱乐。②开玩笑，有何妨。③演奏，演戏。④赌博。

ebsi

[连]因此，于是，对此，ede aibi 这有什么，这有何妨。

ebsihe

[副]①……之前。②竭尽，尽量，尽情。

ebsi

[后]自……以来，自……以后。

ebixenembi

现在时附加成分：去洗澡。[不及]词根+去向态附加成分+动词一般

ebixembi

[不及]①沐浴，洗澡。②游泳，游水，戏水。

ebeniyembi

[及]词根+力做附加成分+动词一般现在时附加成分：浸泡，浸湿，浸透。

ebembi

[及]泡，泡软，泡胀，泡糟，泡烂。（面粉）霉烂。

清文助语虚字注述

efu (ᡝᡶᡠ)

在时附加成分：起鬼风疙瘩。

[名] 鬼风疙瘩。

[不及] ᡝᡶᡠᠮᠪᡳ，词根+去向态附加成分+动词一般现在时附加成分：起鬼风疙瘩。

等：荒谬。

[形] ①坏的，恶的，劣的，不良的，恶劣的。②凶毁。⑥翻脸。

恶的，凶残的。③有毒的。④清代科举考卷评语第五

附加成分：①毁坏，损坏，破坏，摧毁。②败坏

③卸开，拆卸。④裁革，褫夺，革除。⑤注销，销

[及] ᡝᡶᡠᠯᡝᠮᠪᡳ，词根+开展态附加成分+动词一般现在时

efulembi

[不及] ᡝᡶᡠᠵᡝᠮᠪᡳ，词根+自损附加成分+动词一般现在时

附加成分：自败自坏，损毁，破裂。

[名] 败，破坏，毁坏，废弃。

efujembi

时附加成分：大家玩耍。

[及] ᡝᡶᡠᠴᡝᠮᠪᡳ，词根+共同态附加成分+动词一般现在

efucembi

eje (ᡝᠵᡝ)

[语] 这个那个，即说话中一时忘了内容而想的口气。

[名] ①主，主人，主子。②君主，宗主，皇帝

[副] 终究，总要。

ejeci

[副动] ᡝᠵᡝᡵᡝᠮᡝ，词根+让步副动形式附加成分：虽

欺哄。

[连] 总而言之，大抵，大凡。

eiterembi

[及] ᡝᡳᡨᡝᡵᡝᡴᡳᠪᡝ 的进行时。

副动形式附加成分：被哄骗

[副动] ①凭管怎么，尽管，大概。②再三，反复。

eiterebufi

[副动] ᡝᡳᡨᡝᡵᡝᠪᡠᡶᡳ，词根+使动、被动态附加成分+顺序

[及] 欺诈，欺骗，诱骗，哄骗。

eiqike

[形] 全部的，一切的，所有的，诸凡。

[副] 总得，终究，到底，或许，自然。

eiqibe

[词组] 可怎么样，无可奈何。

eiqi

[副] 想是，想必，或是，或许，大概。

[连] 或，或者，也许，则。

145

ᠡᠪᡳᠴᡳ

[连] 或者是；或者，否则，要不。

ᡝᠯᡥᡝᡴᡝᠨ

[形] ①安好的，安静的，安宁的，安逸的。②慢，缓慢的，迟缓的，迂缓的，徐缓的。

ᡝᠯᡥᡝᠩᡤᡳ

[形] 词根+形容词比较级附加成分：慢慢的，缓慢些。

ᡝᠯᡝᠮᠠᠩᡤᠠ

[名] 平安，太平，安宁，安康。②安，封谥等处用语。

ᡝᠯᡝᡳ

②肥大的，宽大的。③多，众多的。④裕，封谥等处用语。

ᠴᡳᠣᡴᡝᡳ

[形] ①富足的，富庶的，富裕的，丰盛的，丰裕的。

ᡝᠯᡳ

[副] 反而，反倒，越发，却。

ᡝᠯᡳᠶᠠᠮᠪᡳ

[形] 去完成进行时：几乎，险些，差一点。

ᡝᠬᡝᠮᠪᡳ

[副] ①同。此下必用 ᡝᠯᡝ 应之，构成过去完成进行时：几乎，险些，差一点。②与 ᡝᠯᡝ 同。

ᡝᠯᡳᠶᡝᡳ

[副] ①几乎，险些，差一点。②与 ᡝᠯᡝ 同。

ᡝᠯᡝᡳ

[副] 更，尤，愈，益，越发。

ᡝᡴᡝᠮᠪᡳ

[不及] ①(病)痛。②夺弄，弄诵。

ᡝᠮᡠ ᠠᠨᠠᠨ ᡳ ᡤᠠᠮᠠᠮᠪᡳ

[词组] 按着次序。

ᡝᠮᡠ

[数] 一，与 ᡝᠮᡠᡨᡝ、ᡝᠮᡠᠷᡳ 同。

ᡝᠮᡠᡨᡝᠩᡤᡝᡵᡳ

[数] ᡝᠮᡠᡨᡝ+ᡝᠮᡠ，词根+分配数附加成分+量词附加成分：各一次，各一遍。

ᡝᠮᡠᡨᡝ

[数] ᡝᠮᡠᡨᡝ，词根+分配数附加成分：各一。

ᡝᠮᡠ

[数] 一个。

ᡝᠮᡴᡝ

[数] 一（个）。

ᡝᠮᡤᡳ

[连] 同，共同，一同，一起，一块儿。

ᡝᠮᡤᡝᡵᡳ

[副] 已经，业已。

ᡝᠮᡤᡝᡵᡳ

[数] ᡝᠮᡠ+ᡤᡝᡵᡳ，词根+量词附加成分：一次。

ᡝᠮᡠ

[数] 一。又作 ᡝᠮᡝ、ᠪᠠ。

ᡝᠮᡝᡵᡝ

[连] 或者。

ᡝᠮᡝᡵᡝᡵᡳ

[名] 有的，有的人。

ᡝᠮᡝᠮᡠᠩᡤᡝ

[连] 或者，有的，有些，某些，间或。

ᡝᠮᡝᠮᠪᡳᡩᡝ

[代] 有时，间或，尚或之间。

ᡝᠮᡩᡠᠪᡝ

[副] 常常，屡屡，频频，一再，只管，总是。

ᡝᠨᡩᡠᡵᡳ
enduri
[名] 神，神仙，仙人。

ᡝᠨᡩᡝᡵᡝᠣ
endereo
分：② 的疑问式：意为瞒得过吗，估量着看就知道了。

ᡝᠨᡩᡝᠮᠪᡳᠣ
endembio
[不及] ᡝᠨᡩᡝᡵᡝᠣ endereo 词根+行为附加成分+疑问语气附加成分：如闻，不问先知。意为料事不差，瞒不过。

ᡝᠨᡩᡝᡵᠠᡴᡡ
enderakū
[形动] ᡝᠨᡩᡝᠮᠪᡳ endembi 词根+动词否定式附加成分：如见，

ᡝᠨᡩᡝᠮᠪᡳ
endembi
[词组] 试问便知。

ᡝᠨ ᡶᠠ ᠰᡝᡵᡝ ᠣᠩᡤᠣᡵᠣ
en fa sere oŋgoro
[不及] ᡝᠨᡩᡝᠮᠪᡳ endembi 词根+一般现在时疑问式附加成分失。 ③遇难，意外地死去。

[不及] ①死难，遇难。②隐瞒

[不及] ①错，舛错，犯错误。②事故。

[名] ᡝᠨᡩᡝᠮᠪᡳ endembi 词根+名词附加成分：①过错，过失，错误，差错。②事物，过错。

ᡝᠮᡠ
emu
[语] 嗯。

ᡝᠮᡠ ᠴᡳᠮᠠᡵᡳ
emu qimari
[词组] 一朝。

ᡝᡵᡝ
ere
[代] 这，这个，此。

ᡝᡵᡩᡝᠮᡠ
erdemu
[形动] ᡝᡵᡩᡝᠮᡠᠩᡤᡝ erdemungge，①德高的，有德行的，贤德的。②技艺高的，有专长的，有手艺的。③贤，封谥等处用语。④德，封谥等处用语。

[名] ①德，德行。②才，才能。③技艺，技术，专长，特长。④德，封谥等处用语。

ᡝᠨᡳᠶᡝᡴᡝ
eniyeke
[小] 正是，可不是。

ᡝᠨᡳ
eni
[副] 且。

ᡝᠨᡳᠶᡝ
eniye
[副] 如此，这般，这样。

[形] 别的，另外的，以外的。

[名] 母，母亲，与 ᡝᠮᡝ 同。

ᡝᠨᡝᠩᡤᡳ
enenggi
[名] 今日，本日。

[代] ᡝᠨᡝᠩᡤᡳ enenggi，词根+领属格附加成分：母亲的。

③贤达的(人)，圣(人)。

ᡝᠨᡩᡠᡵᡳᠩᡤᡝ
enduringge
[形] ᡝᠨᡩᡠᡵᡳ enduri，词根+形容词附加成分：①圣，至高无上的，神圣的，至尊的。②皇上的，皇帝的。

清文助语虚字注述

ergeletei [副动] 附加成分：立逼着，强压迫。

ergelembi 词根+行为附加成分+极尽副动形式（用布带把手）吊在脖子上。① 词根+行为附加成分+动词一般在时附加成分：强迫，强制，逼迫，迫使。②

erchunjembi [及] 词根+形容词附加成分+持续态附加成分+动词一般现在时附加成分：盼望不休，热切希望。

erehe 着了。

erembi [及] 词根+动词一般过去时附加成分：指望树皮。①希望，渴望，期望，指望，盼望。②揭剥（桦

ereqi [代] 词根+从格附加成分：从此，由此，除此。

ereliōge [名] 词根+名词附加成分：是这个的。

eruwen [名] 钻子。

erulembi [及] 词根+动用附加成分+动词一般现在时附加成分：用刑，动刑。

erun [名] 刑。

erindari 每时，又作

erin [名] ①时间，时刻，时候，时分。②时期，时代。③小时，钟点，钟头。④时辰。⑤时，点，点钟。

erimbi [及] 词根+一般将来时附加成分：将扫。

erite [及、不及] 词根+一般将来时附加成分：扫除。

eri [及] 扫除。

ere [小] 这里呢，这不是吗。

ergen [名] ①气，元气。②命，生命。③命根（暗指生殖器）。

148

fakūmbi

[不及] ᡶᠠᡴᡡᠮᠪᡳ，词根+动词一般现在时附加成分：

① 离开，离别，离散，分散。② 开裂，爆裂。

ᡶ ᡨ ᡨ

exemeliyan

[名] 窗户。

exubuxembi

[形] ᡝᠵᡠᠮᠪᡳ，词根+形容词比较级附加成分：微斜

[名] 斜，歪，偏。

etuhuji

[不及] ᡝᡨᡠᡥᡠᠰᡝᠮᠪᡳ，词根+行为附加成分+动词一般现在时附加成分：逞强，用强。

③（秤称的）高

[形] ① 强壮的，强大的，壮实的。② 强的，高强的。

esi seqi ojoraḳu

[词组] 不得已。

[副] 自然，当然，正是，已在。

eruwedembi

[及] ᡝᡵᡠ+ᠮᠪᡳ，词根+动用附加成分+动词一般现在时附加成分：（用钻子）钻。

farhūdaha

[形动] ᡶᠠᡵᡥᡡᡩᠠᠮᠪᡳ，词根+行为附加成分+形动词附加成分：行事昏暗，执迷。

分：寻了拙智，行的昏了。

[不及] ᡶᠠᡴᡡᠮᠪᡳ，词根+行为附加成分+一般现在时或事。

fanqambi

[形] ᡶᠠᠨᡴᠠᠮᠪᡳ，词根+形容词附加成分：可气的。③ 锁簧乍开。

fanqaqukūngge

[名] ᡶᠠᠨᡴᠠᠮᠪᡳ，词根+名词附加成分：可气的人或事。

fanqaqukū

[副动] ᡶᠠᠨᡴᠠᠮᠪᡳ，词根+假定副动形式附加成分：该罚的。

[不及] ① 生气，恼怒，愤恨，愤怒。② 闷，烦闷，闷热。

falambi

[副动] ᡶᠠᠯᠠᠮᠪᡳ，词根+顺序副动形式附加成分。

[及、不及] ᡶᠠᠯᠠ 罚。

falaqi

[及、不及] ᡶᠠᠯᠠ 的祈使式。

[名] 罚，惩罚。

fakūqi

[副动] ᡶᠠᡴᡡᠮᠪᡳ，词根+顺序副动形式附加成分。

fakū

[名] 开，裂。

清文助语虚字注述

fekumbi 起来。

fekime [形动] ①跳，蹦，跳过，跳跃。②投水，跳楼、坠城（而死）。③丝起纵，跳丝，布绸纱等湿水后皱起来。

feksibei [形] 形词根+形动词附加成分：毛倒卷了。不止。

feksimbi [不及]（马）跑，奔驰。

feksinei [副动] 词根+连续副动形式附加成分：跑的祈使式。

feksire [副动] 词根+并列副动形式附加成分：跑。

faxxambi [不及] ①致力，努力，奋斗，勤奋。②效力，效劳。

faxxame [副动] 词根+极尽副动形式附加成分：顽强地，奋力地，奋不顾身地，豁出命地。

farxambi [不及] 拼命，舍身，豁出命来，奋不顾身，冒着昏昧的。

farhv̄ [形] ①黑的，黑暗的，昏暗的，昏黑的。②愚昧的，昏昧的，昏愦的。

---

folombi [及] 雕，刻，琢，镂，勒，镌。

foholokon [形] 词根+形容词比较级附加成分：短些。

fohoroko [形] ①短，短的。②短暂的，短促的。③矮小的。

fodoroko [形] 词根+形容词附加成分：毛倒了。

fi [不及] ①（生气）噘嘴。②（毛）戗着，（皮毛）不顺。

f i [名] 笔。

fodoromo [名] 词根+名词附加成分：可奇的人或事。

ferguwembi [及、不及] ①惊奇，惊讶，惊异，惊愕，诧异，诧。②赞美，赞扬，赞叹，赞赏。

ferguwecuke ihe [形动] 词根+形动词附加成分。

feliyembi [形动] 履，（婴儿学步时）蹒跚地走。④说亲，订婚，订立婚约。

feliyere [不及] ①来往行走。②游历，游逛，旅行。③步履。

fekuqembi [不及] 在时附加成分：乱跳，心跳。

[不及] 词根+频动态附加成分+动词一般现

fonjiki

[及] ᡶᠣᠨᠵᡳᡴᡳ，词根+动词祈愿式附加成分：想问，想说。

fonjiŋaage

[形动] ᡶᠣᠨᠵᡳᠨᠠᠠᡤᡝ，词根+形动词附加成分：①问，问题。②学问。

fonjimbi

[名] ①问，问题。②学问。

[及] ᡶᠣᠨᠵᡳᠮᠪᡳ，词根+动词附加成分一般现在时附加成分：①问，询问，发问，提问，咨询。②说亲，说媒。

fondojombi

[及] ᡶᠣᠨᡩᠣᠵᠣᠮᠪᡳ，词根+动词一般现在时附加成分：①打穿，扎透，凿孔，穿透。②冲入，冲破，突围。③冲决，决口。

fondu

[及] ᡶᠣᠨᡩᠣ，词根+力做附加成分+动词一般现在时附加成分：自破透，自穿孔，出口子，出窟窿，出破绽，出漏洞。

[不及] ᡶᠣᠨᡩᠣ，词根+自损附加成分+动词一般现在时附加成分：不枉。④死心眼。

foloŋo

[形] ①穿透，直透。②直达，通达，豁达。③明断

[形动] ᡶᠣᠯᠣᠩᠣ，词根+形动形式附加成分。

fusimbi

[及] ①剃头，剃毛。②裁齐箭翎。

fusiyvn

[形动] ᡶᡠᠰᡳᠶᡡᠨ，词根+形容词附加成分：①下贱的，卑贱的。②往下，向下，朝下。③以下。

fusu

[抚西]。

ᡶᡠᠰᡠ的祈使式。

fuu

[名] ①贱种，贱货，下流胚。②〈地〉抚顺，又作的，额外的。③胜于，强于，优长。④早（稻）

[形] ①多，充裕，浮，多余。②有余，剩余，过剩

fulelge

[名] 指头套。

forgoxoroŋge

[形] ③根源，来源。

[动名] ᡶᠣᡵᡤᠣᡧᠣᡵᠣᠩᡤᡝ，词根+动名词附加成分。

[名] ①根，根子。②根本，根底，根基，基础。

forgosombi

[及] ①调动，调遣，调转，调换。②运转，变迁，演化。③辗转反侧，转来调去。④颠倒，本末倒置

fonjinjimbi

[及] ᡶᠣᠨᠵᡳᠨᠵᡳᠮᠪᡳ，词根+来向态附加成分+动词一般现在时附加成分：来问。

ᡤᠠᡳᡵᠠᡴᡡ
gairakv
[形动]ᡤᠠᡳᡵᠠᡴᡡ，词根+动词否定式附加成分。

ᡤᠠᡳᡶᡳ
gaifi
[副动]ᡤᠠᡳ+ᡶᡳ，词根+顺序副动形式附加成分：拿到之后。

ᡤᠠᡳᠮᠪᡳ
gaimbi
[动]ᡤᠠᡳ+ᠮᠪᡳ，词根+动词一般现在时附加成分。①取。②娶。③率领，带领。④买。⑤采纳，征求。⑥脱掉，摘掉。⑦索还，索取。⑧接受，收受。⑨打探，探听。⑩拔取，占领。

ᡤᠠᡳᠪᡠᡵᡝ
gaibure
[形动]ᡤᠠᡳ+ᠪᡠ+ᡵᡝ，词根+动名词附加成分（指人或事）。

ᡤᠠᡳᠪᡠᠮᠪᡳ
gaibumbi
[动]ᡤᠠᡳ+ᠪᡠ+ᠮᠪᡳ，词根+动词使动、被动态附加成分+形动词附加成分：射着的。

ᡤᠠᠪᡨᠠᠪᡠᠮᠪᡳ
gabtabumbi
[动，不及]ᡤᠠᠪᡨᠠ+ᠪᡠ+ᠮᠪᡳ，①ᡤᠠᠪᡨᠠᠮᠪᡳ的使动、被动态。②日光照射，光射。

ᡶᡠᡯᡳ
fuzi
[名]夫子。

Gǎ

ᡤᠠᡳᡴᡡ
gaikv
[形动]ᡤᠠᡳᡴᡡ，词根+动词过去否定疑问式附加成分。

ᡤᠠᡳᡴᠠᡴᡡ
gaikakv
[不及]ᡤᠠᡳᡴᠠᡴᡡ，词根+动词过去否定疑问式附加成分。晴，放晴，霁。

ᡤᠠᠯᠠ
gala
[名]①手，手臂。②人手，帮手。③翼，侧。④半晌。

ᡤᠠᠯᡳ
gali
[及]ᡤᠠᠯᡳ，词根+来向态祈使式附加成分：祈使式。

ᡤᠠᠯᡳᠮᠪᡳ
galimbi
[及]ᡤᠠᠯᡳ+ᠮᠪᡳ，词根+来向态附加成分+动词一般过去时附加成分：拿来了。

ᡤᠠᠯᡳᡶᡳ
galifi
[副动]ᡤᠠᠯᡳ+ᡶᡳ，词根+顺序副动形式附加成分取来，带来，携来。

ᡤᠠᠯᡳᠰᡠ
galisu
[及]ᡤᠠᠯᡳ+ᠰᡠ，词根+动词一般现在时附加成分。

ᡤᠠᠯᡳᠵᡠ
galiju
[及]ᡤᠠᠯᡳ+ᠵᡠ，词根+动词祈使式附加成分。

清文助语虚字注述

ǧodohon
[形] ᡤᠣᡩᠣᡥᠣᠨ，词根+形容词附加成分：直竖貌。

ǧarmaki
[不及]（鱼等）跃出水面，蹦出水面，直立。

ǧansi
[名] 鸟。

ǧaniong
[形] 怪异的。

古董噶故货，噶儿马儿，噶儿古弃的。

ǧanumbi
[及] 古董噶故货，噶儿马儿，噶儿古弃的。
附加成分：去拿了。

ǧamarao
[及] ᡤᠠᠮᠠᠷᠠᠣ，词根+去向态附加成分+动词一般现在时附加成分：去取，去拿，去要。

ǧamaha
[及、不及] ᡤᠠᠮᠠᡥᠠ，词根+去向态附加成分+动词一般过去时附加成分：拿去了。

ǧamabuha
[及、不及] ᡤᠠᠮᠠᠪᡠᡥᠠ，词根+行为附加成分+一般过去时附加成分+祈求式附加成分：给了去。

动态附加成分+一般过去时附加成分+一般现在时附加成分+使动、被

ǧoilim
[形] 长的。
① 而，虽然，虽则，只是，但是。② 不过如此而已。

ǧoiduka
[连]
③ 说着了。

人注意的。

ǧoidaha
[形]
① 有碍的，有妨的，有妨害的。② 扎眼的，惹
③ 恰当的，切当的，中肯的，中意的。

ǧoidambi
[不及]
① 久，长久。② 久住，久留。③ 耽搁，迟延，迟误。

ǧohorombi
[不及] ᡤᠣᡥᠣᡵᠣᠮᠪᡳ，词根+动词一般过去时附加成分：
① 弯曲。② 卷起。③ 萎缩，紧缩，在时附加成分：
收缩。④ 枯萎。

ǧoho
[不及] ᡤᠣᡥᠣ，词根+开展附加成分+动词一般现

[名] ① 钩，挂钩，吊钩。② 钩子，即揳跤用语。
③ 扣环，扣钩。④ 钩心，即夹住车轴的弯铁名。

153

ᡤᠣᡳᡤᠣᠨ᠊ᠣ (goigonoho)
[形] ①寂寥，寂寞。②无聊，无所事事。

ᡤᠣᡳᡤᠣᠨ᠊ᠣ᠊ᠮᠪᡳ (goigonoombi)
[及] 使人去取，与 ᡤᠠᡳᠮᠪᡳ 同。

ᡤᠣᠯᠣ (golo)
成了河道。

ᡤᠣᠯᠣᡥᠣᠨ᠊ᠵᠣᠮᠪᡳ (golohonjombi)
[不及] ᠊ᡥᠣᠨ᠊ᠵᠣ᠊，词根+去向态附加成分+动词一般过去时附加成分。成了脊梁似的一条道；河中流未冻，中流形成一条河道。

ᡤᠣᠯᠣᡥᠣᠨ᠊ᠣ᠊ᠮᠪᡳ (golohonoombi)
[不及] ᠊ᡥᠣᠨ᠊ᠣ᠊，词根+去向态附加成分+动词一般过去时附加成分：变成脊梁似的一条道，河两岸结冰后在时附加成分。

ᡤᠣᠯᠣᡥᠣᠪᡳ (golohobi)
[不及] ᠊ᡥᠣ᠊ᠪᡳ，词根+完成态附加成分+持续态附加成分+动词一般现在时附加成分：惊乍了着。

ᡤᠣᠯᠣᡥᠠᠮᠪᡳ (golohambi)
[不及] ᠊ᡥᠠ᠊ᠮᠪᡳ，词根+连续副动形式附加成分，连续副动形式附加成分：惊厌恶，鄙视。③闪（腰）。

ᡤᠣᠯᠣᠮᠪᡳ (golombi)
[及、不及] ①吃惊，受惊，惊惧，惊诧。②嫌恶，

ᡤᠣᠯᠣ (golo)
[名] ①省，省份。②路。③河槽沟，河道。④脊梁，马鞍上正中间的一条道，衣服前后的直缝。

ᡤᠣᠰᡳᡥᠣ (gosiho)
的，恩慈的。

ᡤᠣᠰᡳᡥᠠ (gosiha)
[形] ᠊ᡥᠠ᠊，词根+形容词附加成分：仁爱的，仁慈

ᡤᠣᠰᡳᡥᠠ ᠵᡝᡵᡤᡳ ᠣᡴᡳᠨᡳ (gosiha jergi okini)
[词组] 权作疼爱。

ᡤᠣᠰᡳᠮᠪᡳ (gosimbi)
[及、不及] ᠊ᠮᠪᡳ，词根+动词一般过去时附加成分。
①仁，仁爱，仁慈。②仁，封谥等处用语。
⑤杀痛，蛰痛，辣痛，辣（眼睛）。
恩惠，施恩。③保佑，庇佑。④恤，宽恕，饶恕。
①疼爱，仁爱，怜爱，恩爱。②恩赐，

ᡤᠣᡵᠣᠮᡳᠮᡝ (goromime)
[副动] ᠊ᠮᡳ᠊ᠮᡝ᠊，词根+力做附加成分+并列副动形式附加成分：远（行）不止。

ᡤᠣᡵᠣ (goro)
[形] 远，远的。

ᡤᠣᡵᠣ (goro)
[名] 山槐。

ᡤᠣᡳᡤᠣᡥᠣᡵᡳ (goigohori)
闲坐

[形] ᠊ᡥᠣᡵᡳ᠊，词根+程度范围附加成分：众人无聊

G ɡ ɡ

ᡤᡝᠪᡠ
gebu
[名] ①名，名字。②名义，名称，名目。③名称，名气。④招牌，模子。

ᡤᡝᡩᡝᡥᡠᠨ
gedehun
[形] ᡤᡝᡩᡝᡥᡠᠨ ᠪᠠᠨᠵᡳᡥᠠ，词根+形容词附加成分：骨瘦如柴形。

ᡤᡝᠯᡠᡴᡠ
geluku
[名] 玷辱事。

ᡤᡝᠰᡳᡨᠠ
gesita
[数] ᡤᡝᠰᡳᡨᠠ，词根+分配数附加成分：各三十。

ᡤᡡᠰᡳᠨ
gūsin
[数] 三十。

ᡤᡡᠨᡳᠪᠠ
gūniha
[名] ᡤᡡᠨᡳᡥᠠ，词根+名词附加成分：砧辱事。

ᡤᡡᠨᡳᠮᠪᡳ
gūnimbi
[及] ᡤᡡᠨᡳᠮᠪᡳ，词根+持续态附加成分+动词一般现在时附加成分。

ᡤᡡᠨᡳᠵᡳᠮᠪᡳ
gūnijimbi
[及] ᡤᡡᠨᡳᠵᡳᠮᠪᡳ，词根+动词一般过去时附加成分。

ᡤᡡᠨᡳᠨ
gūnin
在时附加成分：寻思，沉思。

[名] ᡤᡡᠨᡳᠨ，词根+名词附加成分：心意，思想，意思，主意，意图。

[及] ᡤᡡᠨᡳᠮᠪᡳ，词根+动词一般现在时附加成分：
①想，思想。②想念，思念，怀念，挂念，惦念。③忆起，回想，回忆。④记、怀（仇恨）。

ᡤᡝᠨᡝᠪᡠ
genebu
分：令（他）去。

[不及] ᡤᡝᠨᡝᠪᡠ，词根+去向态附加成分+使动态附加成分：令（他）去。

[不及] ᡤᡝᠨᡝᠮᠪᡳ，词根+去向态附加成分+动词一般现在时附加成分：①去，往，赴。②旨。

[不及] ᡤᡝᠨᡝᡥᡝ，词根+去向态附加成分+动词一般过去时附加成分：①去，往，赴。②旨。

[不及] ᡤᡝᠨᡝᡵᡝ 的祈使式。

[副] 全，都，皆，俱。

gemu
[副] 全，都，皆，俱。

gelio
仍……么。

gelhun akū
[形] 敢。ᡤᡝᠯᡥᡠᠨ ᠠᡴᡡ 怎敢，不敢。

gelerakū
[形动] 整的，完整的，系旧清话，与 ᠶᠣᠩᡴᡳᠶᠠᠨ 同。

gelecuke
[形] ᡤᡝᠯᡝᠴᡠᡴᡝ，词根+形容词否定式附加成分：不怕。

gelembi
[不及] 怕，害怕，畏惧，恐惧，胆怯。

gehun
[连] ①并，并且，而且。②还，犹，尚，仍。

[连] ①也，亦。②又，再。

清文助语虚字注述

geneme
附加成分。

genekini
［副动］ᡤᡝᠨᡝᡴᡳᠨᡳ，词根+去向态附加成分+并列副动形式

genembio
［不及］ᡤᡝᠨᡝᠮᠪᡳᠣ，词根+去向态附加成分+一般现在时疑问式附加成分：去否。

geneo
［不及］ᡤᡝᠨᡝᠣ，词根+去向态附加成分：由其去罢，令其去吧。

geneki
［不及］ᡤᡝᠨᡝᡴᡳ，词根+去向态附加成分+动词祈愿式附加成分：想走，欲走。

genebo
［不及］ᡤᡝᠨᡝᠪᠣ，词根+去向态附加成分+动词祈愿式附加成分：去了吗。

genebede
［不及］ᡤᡝᠨᡝᠪᡝᡩᡝ，词根+去向态附加成分+过去时疑问式附加成分+与位格附加成分：去了的时候。

genehebi
［形动］ᡤᡝᠨᡝᡥᡝᠪᡳ，词根+去向态附加成分+完成态附加成分。

genehebi
［不及］ᡤᡝᠨᡝᡥᡝᠪᡳ，词根+去向态附加成分+现在完成时附加成分：走了，去了。

genehe
［不及］ᡤᡝᠨᡝᡥᡝ，词根+去向态附加成分+动词一般过去时附加成分+假定副动形式

gereke
［形］ᡤᡝᡵᡝᡴᡝ，词根+形容词附加成分：天亮了，天亮的。

gerebuhe
［不及］ᡤᡝᡵᡝᠪᡠᡥᡝ，词根+动词使动、被动态附加成分+动词一般过去时附加成分：达旦，到天亮了。

gerembi seme
［不及］ᡤᡝᡵᡝᠮᠪᡳ ᠰᡝᠮᡝ，天亮，破晓，黎明，蒙蒙亮。

gereki
［不及］ᡤᡝᡵᡝᡴᡳ，加成分：将去。

generakv
［不及］ᡤᡝᠨᡝᡵᠠᡴᡡ，词根+去向态附加成分+一般将来时附加成分+担忧式附加成分。

generakv seme
［副动］ᡤᡝᠨᡝᡵᠠᡴᡡ ᠰᡝᠮᡝ，词根+去向态附加成分+动词期望祈使式附加成分。

generaki
［形动］ᡤᡝᠨᡝᡵᠠᡴᡳ，词根+去向态附加成分+动词否定式附加成分：去吧。

geneqina
［不及］ᡤᡝᠨᡝᠴᡳᠨᠠ，词根+去向态附加成分+现在完成时附加成分。

geneqi
［副动］ᡤᡝᠨᡝᠴᡳ，词根+去向态附加成分+假定副动形式

156

ᡤᡳᠰᡠᡵᡝᡶᡳ
gisurefi

[不及] ᡤᡳᠰᡠᡵᡝ + ᡶᡳ，词根+行为附加成分+顺序副动形式
附加成分。

ᡤᡳᠰᡠᡵᡝᠪᡠᡵᡝ
gisurebure

[不及] ᡤᡳᠰᡠᡵᡝ + ᠪᡠᡵᡝ，词根+行为附加成分+使动、被动
态附加成分：可说的，能说的。

ᡤᡳᠰᡠᡵᡝᠪᡠᠮᠪᡳ
gisurebumbi

[不及] ᡤᡳᠰᡠᡵᡝ + ᠪᡠᠮᠪᡳ，词根+行为附加成分+使动、被动
态附加成分：令说，被说。

ᡤᡳᠰᡠᡵᡝᠮᠪᡳ
gisurembi

[不及] ᡤᡳᠰᡠᡵᡝ + ᠮᠪᡳ，词根+行为附加成分+动词一般现在
时附加成分：说，讲，谈，议论。

ᡤᡳᠰᡠᠨ ᡥᡝᠰᡝ
gisun hese

[词组] 言言语语。

ᡤᡳᠰᡠᠨ
gisun

[名] ①话，语，词，言语。②语言。③鼓槌。

ᡤᡳᠩᡤᡠᠯᡝᡵᡝ
gingulere

[形动] ᡤᡳᠩᡤᡠᠯᡝ + ᡵᡝ，词根+行为附加成分+形动词附加成
分：谨慎着的。

ᡤᡳᠩᡤᡠᠯᡝᠮᠪᡳ
gingulembi

[及] ᡤᡳᠩᡤᡠᠯᡝ + ᠮᠪᡳ，词根+行为附加成分+动词一般现在时
附加成分：①恭敬，恭谨，尊敬，尊重。②虔诚，
恪谨。③虔诚，慎重，小心，留神。

ᡤᡝᡨᡝᡥᡝ
getehe

[量] 斤，与 ᡤᡝᡨᡝᡥᡝ 同。

[名] 称。

醒了。

ᡤᡝᡨᡝᠮᠪᡳ
getembi

[不及] ᡤᡝᡨᡝ + ᠮᠪᡳ，词根+动词一般过去时附加成分：已经
醒，睡醒，醒过来。

ᡤᡝᠰᡝᠩᡤᡝ
gesengge

[不及] ᡤᡝᠰᡝ + ᠩᡤᡝ，词根+形容词附加成分：相似的，一样
的，类似的。

ᡤᡝᠰᡝ ᡤᡝᠰᡝ ᡳ
gese gese i

[词组] 同是一样。

ᡤᡝᠰᡝ
gese

[形] 同等的，相同的。

[后] 犹如，仿佛，好像，如同，……似的，……般的。

[名] 众，大众，大家，大伙。

[形] 多的，很多的，众多的。

分：没亮么。

ᡤᡝᡵᡝᡴᡝᡴᡡᠨ
gerekekūn

[不及] ᡤᡝᡵᡝ + ᡴᡝᡴᡡᠨ，词根+动词过去时否定疑问式附加成

giyan giyan i
[形]能有的，可能有的。

giyan giyan i
[形]有条有理，秩然，井然。

giyan fiyan i
[形]有条有理，秩然，井然。

giyan
[量]（一间屋两间屋之）间。

giyan
[名]理，道理，事理。

giyan
[名]驿站，馆驿，馆舍。

giyanakv
加成分+动词假定式副动形式附加成分。

gisurerakv
[副动]，词根+行为附加成分+动词否定式附加成分：不说。

gisureci
[形动]，词根+行为附加成分+动词假定式副动形式附加成分。

gisureme
[副动]，词根+行为附加成分+并列副动形式附加成分。

gisurehe
[副动]，词根+行为附加成分+动词一般过去时附加成分：已说了。

[不及]（满文），词根+行为附加成分+动词一般过去

不定。

gurinjembi
在时附加成分：挪移不定，屡迁，迁移，移动，游动移动。

[不及]（满文），词根+持续态附加成分+动词一般现在时附加成分：挪移不定。

guriembi
[不及]①迁移，迁徙，搬迁。②移，挪移，挪动，移动。

gurgu
[名]兽，野兽。

gurgu
[名]兽，词根+复数附加成分。

gucu
[名]朋友，同伴，伙伴，伴侣。

gungnecuke
[形]（满文），词根+形容词附加成分：①恭，恭敬。②恭，封谥等处用语。

gung
[名]①宫，与（满文）同。爵位名。

gung
[名]①旷。②功，功劳，功绩，功勋，与（满文）同。④（公、侯、伯、子、男之）公，与（满文）同。

guise
[名]柜子，卧柜。

gubci
[形]普，全，全部的，浑（身）整个的。

giyangnan
[名]（地）江南。

158

ᡥᠠᡶᡠ
hafu

[量] 汉子地，即为五垧地，约为三十亩。

[形] 男的，公的，雄的。

ᡥᠠᡶᡠᡴᠠ
hafuka

[名] ①男，男子。②壮丁，壮士。

通达了，通达的。

[形] ᡥᠠᡶᡠᠮᠪᡳ，词根+动词一般过去时附加成分：

[及、不及] ①透，透过，渗透，浸入，渗入，渗进，浸润。②穿透，钻透，凿通，贯穿。③通，通行，④透彻，精通，通晓。⑤传入，流传。

ᡥᠠᡶᡠᠮᠪᡳ
hafumbi

[名] 官，官员，官吏。

ᡥᠠ
ha

之语。

ᡤᡠᠸᡝᠪᡠᡵᡝᠣ
guweburao

[及] ᡤᡠᠸᡝᠪᡠᡵᡝᠣ，词根+恭敬祈愿式附加成分：请求饶恕

[及] 免，赦免，宽宥，豁免，饶恕。

ᡤᡠᡵᡠᠨ
gurun

[名] ①国，国家，朝廷。②朝，朝代。③部落，④〈口〉人。

十五。

ᡥᠠᠴᡳ
haci

[名] ①种，种类，类别，样数，品种。②条，条款，条目，项目，件，科目。③上元，阴历正月

ᡥᠠᠯᠠᡳ
halai

[名] ①月经。②革，即易卦名，离上兑曰革

[形] 慊性

脱掉。

ᡥᠠᠯᠠᠮᠪᡳ
halambi

[及、不及] ①换，改换，更替，更换，交替，轮换。②改正，修改，修正。③热，烫。④（毛、发、皮等）脱落

[词组] 诸各样儿，各种，各样。

ᡥᠠᠯᠠᠮᡝ
halame

[及] ᡥᠠᠯᠠᠮᡝ 的祈使式。

[名] 姓，姓氏。

ᡥᠠᠯᠠ
hala

[副动] ᡥᠠᠯᠠᠮᡝ，词根+并列副动形式附加成分。
爱，钟爱。

ᡥᠠᡳᡵᠠᠮᠪᡳ
hairambi

[及] ①爱惜，珍惜，爱护。②爱，宠爱，爱抚，疼

ᡥᠠᡥᠠᠰᡳ
hahasi

[名] ᡥᠠᡥᠠᠰᡳ，词根+名词附加成分：男人。

horohŋo
[形] 威严的，威武的，雄伟的，庄严的，雄壮的，强大的。

hoŋkiŋko
[形] 词根+形容词附加成分：①威风的，剧毒。③威，封谥等处用语。

hoosa
[名] ①威，势，武，威力，势力，武力。②毒，毒性，

hooxa
[形] 美，俊，好。

hoošan
[名] 纸，纸张。

hojihon
[形] 尚且，犹且，还。

hojo
[形] 俏，丽，美。

hojogon
[名] 和卓，系维吾尔语，意为有道者。

hojonge
[形] 词根+形容词附加成分：俏的，秀丽的，标致的，俏丽的，清秀的，娇美的，苗条的。

hojombi
[不及] 现在时附加成分：①词根+去向态附加成分+动词一般长嘟噜子。③结冰凌锥。

hohŏ
[名] ①荚，豆角，（棉）桃。②耳垂。③一嘟噜子。

hūsŋ
[名] 胡子，胡须，三须胡。

hūlara
[及、不及] 词根+行为附加成分+一般将来时附加成分：想叫，欲呼。

hūlaki
[及、不及] 词根+行为附加成分+动词祈愿式赞词。

hūlambi
[及、不及] ①叫喊，呼唤，召唤，招呼。②称呼。③（鸡）啼鸣。④读，念，朗诵。⑤赞礼，唱诵赞词。

hūdun
[副] 词根+程度副词附加成分：略快些。

hūdukan
[形] 快，迅速，急速。

hoton
[名] 城，城市。

hūda
[名] ①价钱，价格，价目，代价。②价值。③买卖，生意，贸易。④商货。

hūsun
[名] 武，封谥等处用语。②严厉的，可怕的。③（药物等）有劲的，有力量的。

ᡥᡝᠨᡩᡠ
hendu
[不及] ᡥᡝᠨᡩᡠᠮᠪᡳ 的祈使式。

ᡥᡝᠨᡩᡠᠮᠪᡳ
hendumbi
[词组] 说，讲，曰，道，云，谓。

ᡥᡝᠨ ᡨᠠᠨ ᡳ ᠠᡴᡡ
hen tan i akv
[词组] 些无有。

ᡥᡝᠨ ᡨᠠᠨ ᡳ
hen tan i
[词组] 勉强，过得去，一般。

ᡥᡝᠩᡴᡳᠯᡳᠶᠠᠮᠪᡳ
hvwaliyambi
[形] 些须，微少。

ᡥᡡᠸᠠᠯᡳᠶᠠᡵᠠᡴᡡ
hvwaliyarakv
[名] (人抬或马驾的) 竹木小轿子，软榻。

ᡥᡡ hv

[形动] ᡥᡡᠸᠠᠯᡳᠶᠠᠮᠪᡳ，词根+行为附加成分+动词否定式附加成分：不妨，不碍，没关系，不要紧。

[形动] ᡥᡡᠸᠠᠯᡳᠶᠠᠮᠪᡳ，词根+形容词附加成分：和气了，太和，十分太平。

① (乐声) 合，和谐。

[不及] ① 和，和好，和解，讲和，媾和，亲善。② 实力，势力。

[形] ③ 工，役，壮夫。

[名] ① 力，劲，力量，力气。

ᡥᡝᠩᡴᡳᠰᡝᠮᠪᡳ
henkisembi
[不及] ᡥᡝᠩᡴᡳᠯᡝᠮᠪᡳ，词根+持续态附加成分+动词一般过去时附加成分：连叩。

ᡥᡝᠩᡴᡳᠯᡝᠮᠪᡳ
henkilembi
[不及] ᡥᡝᠩᡴᡳᠯᡝᠮᠪᡳ，词根+动用附加成分+动词一般现在时附加成分：磕头，叩首，叩拜。

[名] 叩，叩拜。

[量] 把，抄，即四指尖为一抄。

[形] 微少的，些微的，一点儿，丝毫。

ᡥᡝᠨᡩᡠᡨᡝᠯᡝ
hendutele
[副动] ᡥᡝᠨᡩᡠᠮᠪᡳ，词根+直至副动形式附加成分：才说。

ᡥᡝᠨᡩᡠᡵᡝ ᡥᠠᠯᠠᠮᠠ
hendure halama
[词组] 常言道。在句首用。

ᡥᡝᠨᡩᡠᡵᡝ
hendure
[形动] ᡥᡝᠨᡩᡠᠮᠪᡳ，词根+形动词附加成分：说着的，是呢，说罢。

ᡥᡝᠨᡩᡠᡴᡳᠨᡳ
henduqini
[副动] ᡥᡝᠨᡩᡠᠮᠪᡳ，词根+动词期望祈使式附加成分：说说了。

ᡥᡝᠨᡩᡠᠮᡝ
hendume
[不及] ᡥᡝᠨᡩᡠᠮᠪᡳ，词根+并列副动形式附加成分：说。

ᡥᡝᠨᡩᡠᡥᡝᠩᡤᡝ
henduhengge
[形动] ᡥᡝᠨᡩᡠᠮᠪᡳ，词根+形动词附加成分。

ᡥᡝᠨᡩᡠᡥᡝ
henduhe
[形动] ᡥᡝᠨᡩᡠᠮᠪᡳ，词根+动词一般过去时附加成分：

[副动] ᡥᡠᠯᡣᠰᠮᡝ hulxsxeme，词根+并列副动形式附加成分。

[拟] biyoo 校。

[及、不及] biyoorxi ①顶着，暄肿，肿胀。②培土，培垄。③顶戴，感戴，感激。

[名] biyoorxi 孝，孝顺，孝敬。

时附加成分：用指甲压

[名] bitahvxambi（手脚的）指（趾）甲。

[形] feteri ①横的。②旁的，别的，另外的，非正式的。

[名] ferguu 旨，谕，敕，命。

[形动] hersexaxv，词根+动词否定式附加成分：不及，词根+动用附加成分+动词一般现在时附加成分

[不] hersexambi ①在意，在乎。②理睬，过问。

[名] hergen ①字母。②字，文字。③爵位，头衔，官爵。④纹，手纹，水纹，虫纹。

[名] hecen ①城，与 ᡥᠣᡨᠣᠨ 同。②城墙。

[数] ilaqi，数词词根+序数词附加成分：第三。

[数] ilanggeri，词根+量词附加成分：三次，三遭。

附加成分：轮班，值班，轮流，轮换。

[及] idurambi，词根+行为附加成分+动词一般现在时附加成分

[名] inengge 班次。

[代] ini 他，她。

[代] imbe 他。

[代] ini 词根+名词附加成分：是他的。

[代] ini 词根+领属格附加成分：他的。

[代] imbe 词根+宾格附加成分：把他。

[助] i ①〈领属格〉……的。②〈工具格〉用……，以……，靠……。用在名词性语句之后，构成形容词性助词短语，领属格作定语，工具格作状语。

162

清文助语虚字注述

ᡳᠨᠵᡝᠮᠪᡳ
injembi

笑，嬉笑。

ᡳᠨᡝᠩᡤᡳᡩᠠᡵᡳ
inenggidari

[不及] ᠋᠋᠋᠋᠋᠋᠋᠋᠋᠋᠋᠋᠋᠋᠋᠋᠋᠋᠋᠋᠋᠋᠋᠋᠋᠋᠋᠋᠋᠋᠋᠋᠋᠋᠋᠋，词根+动词一般现在时附加成分：每日，日日。

ᡳᠨᡝᡴᡠ
ineku

③〈动〉鲥（鱼）。

[形] ᠋᠋᠋᠋᠋᠋᠋᠋᠋᠋᠋᠋᠋᠋᠋᠋᠋᠋᠋᠋᠋᠋᠋᠋᠋᠋᠋᠋᠋᠋᠋᠋᠋᠋᠋᠋᠋᠋，词根+形容词叠词形式附加成分：每日，日日。

ᡳᠯᡳᡴᡳᠪᡝ
iliqibe

[名] ①日，天，日子。②白天，白日，白昼。

[副动] ᠋᠋᠋᠋᠋᠋᠋᠋᠋᠋᠋᠋᠋᠋᠋᠋᠋᠋᠋᠋᠋᠋᠋᠋᠋᠋᠋᠋᠋᠋᠋᠋᠋᠋᠋᠋，让步副形式附加成分：虽或站着。

ᡳᠯᡳᡤᠠᠮᠪᡳ
iliqambi

[形] 本，本来，原来，这个，仍旧，原旧，还是

在时附加成分：一同站立。

[不及] ᠋᠋᠋，词根+共同态附加成分+动词一般现在时附加成分：一同

息，休止。

[立(义)] ①起来，立起，站立。②起身，竖起。⑤起（床），起（义）⑥站住，停留，停步，停滞。⑦停止，停

ᡳᠯᠠᡨᠠ
ilata

[数] ᠋᠋，词根+分配数附加成分：各三。

ᡳᡵᡤᡝᠨ
irgen

[副] 彼此，相互，互相。

ᡳᡵᡤᡝᠰᡝ
irgese

[名] ᠋᠋᠋，词根+复数附加成分：民等，百姓们，民众。

ᡳᠴᡳᡥᡳᠶᠠᠪᡠᠮᡝ
iqihiyabume

[名] 民，百姓。

[及] ᠋᠋，词根+使动态附加成分+并列副动形式附加成分：使动（他人）料理。

[及] ①办，办理，料理。②整顿，收拾干净，打扫。③处置，处罚，惩处，惩治，制裁，发落。④安置，安排，安插。⑤料理丧事。⑥给死人整容穿衣。

ᡳᠴᡳ
ici

[后] ①顺势，随，应。②往，向着，方面，方向。

[时位] 右，右方，右侧，右首。

ᡳᠨᡠ
inu

[语] 也，亦。

[副] 也。

[名] 正确，对，是。

ᡳᠨᠵᡝᠴᡝᠮᠪᡳ
injeqembi

在时附加成分：一齐笑。

[不及] ᠋᠋᠋，词根+共同态附加成分+动词一般现

清文助语虚字注述

isinahada
加成分+全部范围附加成分：凡所到处，凡所临处。

isinahafi
[形动]ᠶᠠᠨ，词根+去向态附加成分+完成态附加成分+与位格附加成分：凡所到之（处）。

isinaha
[形动]ᠶᠠᠨ，词根+去向态附加成分+完成态附加成分。

isinafi
[不及]ᠶᠠᠨ，词根+去向态附加成分+动词一般过去时附加成分：去到了。

isinambi
[副动]ᠶᠠᠨ，词根+去向态附加成分+顺序副动形式附加成分。
③致。④够到，触及，够得上。

istraku
[不及]ᠶᠠᠨ，词根+去向态附加成分+动词一般现在时附加成分：
①到，到达，抵达。②至，及，到。
③将，达到，至，及。
④及，如。⑤得到，享，蒙受。⑥将近，下（嘴）。

isimbi
[及、不及]①捋，拔。②足，够，敷。③下（手），

isitala
[后]到，直至，直到。要求前面的词为与格。
到来。

isijiha
[不及]ᠶᠠᠨ，词根+动词来向态祈使式附加成分：令成分：到来的。

isijire
[形动]ᠶᠠᠨ，词根+来向态附加成分+形动词附加成分。

isinjire
[不及]ᠶᠠᠨ，词根+来向态附加成分+动词一般过去时附加成分。

isinjimbi
[不及]ᠶᠠᠨ，词根+来向态附加成分+动词一般现在时附加成分：到来，前来。

isitala
[副动]ᠶᠠᠨ，词根+去向态附加成分+直至副动形式附加成分：去直到。

isiname
[副动]ᠶᠠᠨ，词根+去向态附加成分+并列副动形式

ᠯᠠᡳ jai
〔连〕①再,再则。②以及。

ᠵᠠᠪᠴᠠᡵᠠ jabqara
〔数〕第二。

ᠵᠠᠪᡩᡠᠨᡤᠠᠯᠠ jabduñgala
〔及、不及〕词根+动词一般将来时附加成分:将埋怨。

ᠵᠠᠪᡧᠠᠮᠪᡳ jabšambi
〔及、不及〕①归咎,责备,指责,斥责,责怪。②(蝇、蚁等)麇集,群集。

ᠵᠠᠪᡩᡠᠮᠪᡳ jabdumbi
〔副动〕①来得及,赶得及,赶趟。②妥当,停当,就绪。
〔不及〕非轻,不轻,不易。
〔词组〕ᠵᠠᠪᡩᡠᠨᠠ + ᠠᡴᡡ,词根+先行副动形式附加成分:措手不及。

ᠵᠠᡴᠠ ja
〔形〕①便宜的,廉价的,低廉的。②容易的,简单的,简易的。

ᠵᠠᡥᠠᡳ jahai
〔副〕甚,太,非常。

ᠵᠠᠯᡠᠮᠪᡳ jalumbi
〔形〕ᠵᠠᠯᡠ+ᠮᠪᡳ,词根+形容词附加成分:满足,满数,充满,充足,足够。现在时附加成分:遍满了。
〔不及、不及〕满,变满,充满,挤满,塞满。

ᠵᠠᡴᡡᠴᡳ jakūqi
〔后〕①由于,因为。②为,为了,为⋯⋯事。

ᠵᠠᡴᡡ jakū
〔数〕八。

ᠵᠠᡴᠠ jaka
〔连〕①由于,因为。②所在处,跟前,近前。

ᠵᠠᡴᠠᡩᡝᡵᡳ jakaderi
〔时位〕ᠵᠠᡴᠠ+ᡩᡝᡵᡳ,词根+名词从格附加成分:从缝子里。
〔词组〕一点的小空。

ᠵᠠᡴᡡᠶᠠᠮᠪᡳ jakūyambi
〔语〕一般用在动词末尾时表示才,将之意,又做叠词间息。⑤所在处,跟前。

ᠵᠠᡴᠠ xoxo jaka
〔名〕①东西,无什物,物品,玩艺。②事情,事物。③缝,隙,缝隙,空隙,间隔。④空闲,闲暇,间歇。

jeqins
[不及] 呢，吃罢。

jembio
[及、不及] ᠴᡝᠮᠪᡳ，词根+动词一般现在时疑问式附加成分：吃是呢，吃罢。

jeki
[及] ᠴᡝᡴᡳ，词根+动词祈愿式附加成分：请吃，欲吃。

jekenju
[及] ᠴᡝᡴᡝᠨᠵᡠ，词根+动词期望祈使式附加成分：吃来。

jefu
[及] ᠴᡝᡶᡠ，词根+动词祈使式附加成分：令吃。

jefi
[副动] ᠴᡝᡶᡳ，词根+顺序副动形式附加成分。

jeku
[名] 粮，粮食，庄稼，农作物，谷物。

jetere
①吃，食。②侵蚀，腐蚀，蛀蚀。③吞没，吞食。④食（言）。⑤（日蚀的）蚀。

je sehe manggi
[词组] 哼一哼的时候。

je
[语] 嚓，是，唯唯，即表示同意，答应等语气。

[名] ①谷子，又作粟。②小米。

jimbi
[不及] 来。

jilidambi
[不及] ᠵᡳᠯᡳᡩᠠᠮᠪᡳ，词根+行为附加成分+动词一般现在时附加成分：愤怒，嗔怒，发怒，动怒，生气，恼火。

jili
[名] ①怒，怒气。②（鹿等兽头上的）角根子。

jiha
[名] 钱，货币，金钱，款项。

jiduri
[副] 到底，毕竟，究竟，终究。

jergi
[量] 钱。

[代] 等，同等。

③阵，番。④层，层次，阶。⑤一般，同样，一般，水平，程度。

[名] ①级，衔，品级，等级，爵位。②水平，程度。

jeo gung
[拟]〈名〉周公。

jeo
[名] 州。

jeterakv
[形动] ᠴᡝᡨᡝᡵᠠᡴᡡ，词根+行为附加成分+动词否定式附加成分：不吃。

清文助语虚字注述

jio [不及] ᠵᡳᠣ，词根+语气附加成分：ᠣ 的祈使式：令来么。往，往前来。

jimbio [不及] ᠵᡳ+ᠣ，词根+语气附加成分：ᠣ 的祈使式：来吧。来么。

jibeo [不及] ᠵᡳ+ᠪᡝᠣ，词根+一般现在时疑问式附加成分：（由其）

jiki [不及] ᠵᡳ+ᡴᡳ，词根+动词祈愿式附加成分：想来。

jikini [不及] ᠵᡳ+ᡴᡳᠨᡳ，词根+动词祈愿式附加成分：想是来罢。

jiheo [不及] ᠵᡳ+ᡥᡝᠣ，词根+过去时疑问式附加成分：来了么。

jihekv [不及] ᠵᡳ+ᡥᡝᡴᡡ，词根+过去时否定式附加成分：来了。

jifi [副动] ᠵᡳ+ᡶᡳ，词根+顺序副动形式附加成分：成分：来着的。

jidere [动名] ᠵᡳ+ᡩᡝᡵᡝ，词根+与位格附加成分：想是来罢。

jiderengge [形动] ᠵᡳ+ᡩᡝᡵᡝᠩᡤᡝ，词根+语气附加成分：定疑问式附加成分：不来么。

jiderakv [形动] ᠵᡳ+ᡩᡝᡵᠠᡴᡡ，词根+与位格附加成分+动词现在否

---

joombi [及] ᠵᠣᠣᠮᠪᡳ，词根+去向态附加成分+动词一般现在时附加成分：①提，提起，提出，提及，提到。②怀念，惦念，想念，惦记。

jompi [形] ᠵᠣᠮᡦᡳ，词根+形容词附加成分：提起了。

joosun [名] ᠵᠣᠣᠰᡠᠨ，词根+名词附加成分：①痛苦事，烦恼事。②灾害，灾祸，灾患。③蹇，易卦名。

jobombi [不及] ᠵᠣᠪᠣᠮᠪᡳ，①受苦，受罪，受折磨，痛苦，劳累，辛苦，操劳，忧愁，忧虑，抑郁，愁闷，伤心，担心。②灾害，灾祸，灾患。③（家计）艰难困苦。

jiye [语] ᠵᡳᠶᡝ，用在句末表示赞叹：啊，吧，也，矣。随前位韵单词。

jeo [语] ᠵᡝᠣ，用在句末表示赞叹：啊，吧，也，矣。随后位韵单词。

ji [副] ᠵᡳ，①正，方，正在，正然。②常，经常，一贯。

jici [副动] ᠵᡳ+ᠴᡳ，词根+假定副动形式附加成分：若来。

juwambi ᠵᡠᠸᠠᠮᠪᡳ

〔及〕张嘴，开口，启齿。

jurgangga ᠵᡠᡵᡤᠠᠩᡤᠠ

〔名〕孩子们，儿女们
②义，封谥等处用语。
〔形〕ᠵᡠᡵᡤᠠᠨ，词根+形容词附加成分：①有义气的。

jurgan ᠵᡠᡵᡤᠠᠨ

义，正义，义气，节气。④友谊，情义。⑤谛，意义。⑥汛地。⑦行伍。系旧清语，ᠵᡠᡵᡤᠠᠨ 之意。
〔名〕①（部院的）部，②排，行。③（仁义礼智信的）

julge ᠵᡠᠯᡤᡝ

〔代〕ᠵᡠᠯᡤᡝ，词根+领属格附加成分：早先的，古的。
〔名〕早先，从前，昔日。
前，之前。

julgei ᠵᡠᠯᡤᡝᡳ

〔时位〕①向前，往前。②向南，朝南。③以
④路轨，轨道。⑤门路，出路。
〔名〕①路，道路。②路途，路程。③线路，路线。

joo ᠵᠣᠣ

〔及〕罢了，算了，止了罢，停息，停止。

jonofi ᠵᠣᠨᠣᡶᡳ

〔副动〕ᠵᠣᠨ+ᠣ+ᡶᡳ，词根+去向态附加成分+顺序副动形式
附加成分。

kadalambi ᠺᠠᡩᠠᠯᠠᠮᠪᡳ

〔不及〕还报，报答，相应，礼尚往来。

kanagan arambi ᠺᠠᠨᠠᡤᠠᠨ ᠠᡵᠠᠮᠪᡳ

〔词组〕推故，推托。
〔名〕口实，借口，托词。
〔小〕也，矣，哉。

kadalara ᠺᠠᡩᠠᠯᠠᡵᠠ

〔及〕ᡴᠠᡩᠠᠯᠠ+ᡵᠠ，词根+行为附加成分+动词一般将来时
附加成分：将管，将控制。
〔及〕①管，管辖，管制，控制。②统帅，统领，指挥。

K

juwete ᠵᡠᠸᡝᡨᡝ

〔名〕债，贷。

juwenggeri ᠵᡠᠸᡝᠩᡤᡝᡵᡳ

〔数〕ᠵᡠᠸᡝ+ᠩᡤᡝᡵᡳ，词根+分配数附加成分：各二。

juwete ᠵᡠᠸᡝᡨᡝ

〔数〕ᠵᡠᠸᡝ+ᡨᡝ，词根+量词附加成分：两次，两遭。

juwe ᠵᡠᠸᡝ

〔数〕二。

juwan ᠵᡠᠸᠠᠨ

〔数〕十。

juwampi ᠵᡠᠸᠠᠮᡦᡳ

〔形〕ᠵᡠᠸᠠ+ᠮᡦᡳ，词根+形容词附加成分：嘴张开着。

K ᡴ

kimun 〔名〕仇，仇恨，怨恨，冤仇。

komsori 〔名〕①恩，恩典，恩遇。②福，福分，福气，造化。

kemuni 〔副〕①还，犹，尚，仍。②常常，屡次，每每。

komso 〔形〕①有节度的，有限量的，有限度的。②省用的，省俭的。③简，封谥等处用语。

kooli akv 〔词组〕无例，无规矩，无考校。

kooli 〔名〕①法，法律，定例，法规，典章，制度。②法则，规律，定律，规矩。

komso kon 〔形〕少，少的。

komso kon 〔形〕+ᠨᡳ，词根+形容词比较级附加成分：略少些。

karulame 〔副动〕 + ᡥᠠ，词根+行为附加成分+并列副动形式

kubu 〔名〕棉，棉花。

kubuhuri 〔形〕 + ᠩᡤᡝ，词根+程度范围附加成分：众形粗大的，诸物粗大的，肿胀浮肿的，大腹便便的。

kubsuhun 〔形〕①粗大的。②倒卧的，懒卧不起的。

kiqerenge 〔动名〕，词根+动名词附加成分。

kiqendumbi 〔不及〕 + ᠬᠠ，词根+互动态附加成分+动词一般现在时附加成分：相互勤勉。

kigeme 〔副动〕词根+动词并列副动词附加成分。①努力，勤奋的，勤勉的，勤力不倦的，兢兢业业的。③勤，封谥等处用语。

kigebe 〔形〕 + ᠵᠠ，词根+形容词附加成分：①谨慎的，小心的，留神的。②努力的，勤奋的，勤勉的，勤力不倦的。

kigeme 〔不及〕用功，努力，尽力，力求，用心，勤奋，勤勉。

kimuntumbi 〔不及〕 + ᠬᠠ，词根+行为附加成分+动词一般现在时附加成分：与 ᠮᠣᠨᠴᡳ 同。①仇视，作对。②报仇，复仇。③记仇。

[ᠵᠠᠨ ᠵᠠᡳᠮᠪᡳ jan jaimbi]
[词组] 讨凭据，讨牢。

[ᠯᠠᠯᠠᠨᠵᡳ lalanji]
[副] ①很，甚，极。②屡屡，重复，再三再四。

[ᠯᠠᡴᡳᠶᠠᠮᠪᡳ lakiyambi]
[及] 挂，吊，悬，悬挂，吊挂，悬吊。

[ᠯᠠᡴᡩᠠᡥᡡᠨ lakdahūn]
[形] ①松软的，绵软的，软瘫的。②稀烂的，碎烂的，碎碎的。

[ᠯᠠᡴᡩᠠᡥᡡᠷᡳ lakdahūri]
[形] 词根+形容词附加成分+程度范围附加成分：齐齐下垂的，滴里嘟噜的。

[ᠯᠠᡴᡩᠠᡥᡡᠨ lakdahūn]
[形] 词根+形容词附加成分：①下垂的，低垂的，吊挂的，耷拉的。②萎靡下悬的，

[ᠯᠠᠪᡩᡠᡴᠠᠨ labdukan]
[副] 词根+程度副词附加成分：略多些。

[ᠯᠠᠪᡩᡠ labdu]
[形] 多的，颇多的。

[ᠯᡠᡥᡠᠷᡳ luhuri]
[副] 极，甚，颇，很。

L ᠯ

[ᡴᡠᡥᡠᡵᡳ kuhuri]
〈名〉孔。

[ᡴᡠᠩᡶᡠᡰᡟ kungfudzi]
〈名〉孔夫子。

[ᠮᠠᡳᠵᡝ maijge]
[名] 困难，艰难，艰巨，困苦，苦难，艰苦，刚，封谥等处用语。

[ᠮᠠᠩᡤᠠ mangga]
[形] ①硬的，坚硬的，坚固的。②难的，艰难的，艰巨的。③苦的，困苦的，厉害的，不简单的，艰苦的。④能干的，精干的，善于，好，喜爱，肯，擅长。⑤贵的，昂贵的，高价的。⑥善，善于，好，刚，封谥等处用语。⑦坚韧的，刚毅的，刚强的。⑧繁难的，难办的，艰巨的，艰苦的，苦难的。

[ᠮᠠᠵᡳᡤᡝ majige]
[副] 莫不是，不知，未知，究竟，果然。

[ᠮᠠᠵᡳ maji]
[形] ①小。一点，微小。②少许，稍许，稍微。

[ᠮᠠᡥᠠᠯᠠ mahala]
[名] ①帽子。②目标，靶子。

[ᠮᠠᡥᠠᠯᠠ ᠯᠠᡴᡳᠶᠠᠮᠪᡳ mahala lakiyambi]
[词组] 挂拐，下牢靠。

M ᠮ

[ᠵᠣᡥᡨᠣᠯᠣᠮᠪᡳ johtolombi]
[及] 时附加成分：戴笼头，套笼头。词根+动用附加成分+动词一般现在

[ᠵᠣᡥᡨᠣ johto]
〈名〉笼头。

清文助语虚字注述

ᠮᠠᡵᡳᠮᠪᡳ marimbi

[不及] ①返，归，返回，回转，退回，撤回。②转身，回头，反过来，转过来，回心转意。③消失，消退，衰退。④松，松弛，松劲。

ᠮᠠᡵᡳ mari

[及] 的祈使式。

事，仿效满洲习俗

现在时附加成分：①说满语，说清语。②满族样行

ᠮᠠᠨᠵᡠᡵᠠᠮᠪᡳ manjurambi

[及、不及] ᠮᠠᠨᠵᡠᡵᠠᠮᠪᡳ 词根+行为附加成分+动词一般

[名] ①满族。②满洲。

ᠮᠠᠩᡤᠠᡳ manggai

[副] 至多，至早，不过，无非。

ᠮᠠᠩᡤᠠᡳ ᠣᠴᡳ manggai oci

[后] 了之后，而后，以后，然后，既而。

ᠮᠠᠩᡤᠠᡳ manggai

[词组] 与 ᠮᠠᠩᡤᠠᡳ 同。

ᠮᠠᠩᡤᠠ mangga

[副] 不过，只不过，无非。

难，有难色，害羞。

ᠮᠠᠩᡤᠠᡧᠠᠮᠪᡳ manggaxambi

[不及] ᠮᠠᠩᡤᠠᡧᠠᠮᠪᡳ 词根+行为附加成分+动词一般现在时附加成分：作难，嫌难，为难，畏难，感到困

ᠮᡳᠨ᠋ᠴᡳ minqi

[代] ᠮᠢᠨ᠋ᠴᡳ 词根+比从格附加成分：比我，从我。

ᠮᡳᠨ᠋ᡳᠶᠡ miniyege

[名] ᠮᡳᠨ᠋ᡳᠶᠡ 词根+名词附加成分：是我的。

ᠮᡳᠨ᠋ᡳ mini

[代] ᠮᡳᠨ᠋ᡳ 词根+领属格附加成分：我的。

ᠮᡳᠨ᠋ᡩᡝ minde

[代] ᠮᡳᠨ᠋ᡩᡝ 词根+与位格附加成分：在我，与我，对我。

ᠮᡳᠮᠪᡝ mimbe

[代] ᠮᡳᠮᠪᡝ 词根+宾格附加成分：把我，将我。

[名] 贤人，贤哲，贤达。

④睿，封谥等处用语。

ᠮᡝᡵᡤᡝᠨ mergen

[形] ①聪明的，能干的，能说会道的。②巧的，能干的，聪慧的，聪颖的，贤哲的，明智的。③神明的，非凡的。

分：是我们的。

ᠮᡝᠨᡳ meni

[代] ᠮᡝᠨᡳ 词根+领属格附加成分+形容词附加成分：我们的。

ᠮᡝᠨ᠋ᡤᡠ menggu

[名] 银，银子。

ᠮᡝᠶᡝᠨ meyen

[名] ①颈，颈项，脖颈。②（器皿等物的）颈。

ᠮᠠᠨᠵᡠ manju

[名] ①麻子。②表面不平滑。

171

morohon
[形]ꡡꡡꡡ，词根+力做附加成分+形容词附加成分。

morohombi
[及]睁圆（眼睛）。

moŋgo
[名]①马。②午，十二地支第七位。

moŋgotolo moŋgorombi
[及、不及]，词根+行为附加成分+动词一般现在时附加成分：①说蒙古话。②蒙译，译成蒙古文。③仿蒙古族习俗。④盘，踢毽子的一种方式，两腿朝里交叉向上踢。

moŋgoro
[名]①蒙古。②蒙古人，番人。

mohombi
[副动]ꡡꡡꡡ，词根+直至副动形式附加成分：至于穷尽，窘困，窘竭。

mohoŋgo
[不及]①到底，到头，到尽头，终尽，终结。②力竭，耗竭，穷竭，穷乏，④窘迫，窘困，窘竭。穷尽。

mohombi
[不及]①钝，变钝。②力竭，耗竭，穷竭，穷乏。

miqumbi
[不及]ꡡꡡ，词根+并列副动形式附加成分。

miqume
[不及]爬，爬行，匍匐而行。

mutebuhe
去时附加成分：使其成了，使其能了。

mutebumbi
[及]ꡡꡡꡡ，词根+使动、被动态附加成分+一般过去时附加成分：使其成了，使其能了。

mutembi
[不及]能，成，会，能够，能做，能成。②还原，即ꡡꡡ之意。

mujaŋgo mujilen
[名]心情，心境，心意，心思，心神，心肠，情感。

mujaŋgo
[形]ꡡꡡ，词根+形容词附加成分：与ꡡꡡ同。

[副]确实，果真，果然，诚然，的确。

[形]ꡡꡡ，词根+形容词附加成分：真的，真是。

mudandari
[量]次，回，遍，趟，度，遭，番，场回，遭遭。

[形]ꡡꡡ，词根+形容词叠词形式附加成分：搓条悖悖。⑤夹子弯，指打雀夹子上的弯曲木。⑥点心，糕点调。

mudan
[名]①调，音调，调子，曲调。②声，声调，语调。③音，音韵。④弯，弯道，弯曲，拐弯，

muterakv

[副] ᠮᡠᡨᡝᡵᡝ+ᡴᡳ，词根+开展附加成分+工具格附加成分：能的。

muterc

[形动] ᠮᡠᡨᡝᡵᡝ+ᡴᡠ，词根+形动词附加成分：可行的，可的否定式：不能。

muteburcūge

[动名] ᠮᡠᡨᡝᠪᡠ+ᡵᠴᡠᡤᡝ，词根+动词否定式附加成分，名词附加成分：成功，完成，实现。

mutebumbi

[及] ᠮᡠᡨᡝᠪᡠ+ᠮᠪᡳ，词根+使动、被动态附加成分+动词一般现在时附加成分：① ᠮᡠᡨᡝ 的使动、被动态。② 培养，培育，养育，养殖。③ 增大，增加，增多，加高。

natambi

[及、不及] ① 贪恋，眷恋，依恋。② 面容憔悴，面黄肌瘦，面容消瘦，形容枯槁。

nambuha

[副动] ᠨᠠᠮᠪᡠ+ᡥᠠ，词根+连续副动形式附加成分：抓着着了。

nambuhai

[不及] ᠨᠠᠮᠪᡠ+ᡥᠠᡳ，词根+动词一般过去时附加成分：已遇不放。

nakv

[不及] ① 遇着，巧遇，不期而遇，撞见。② 抓住，表示两种情况兼而有之．既……又……，表示拿获，撞获。

na

[助动] ① 用在动词祈使式或副动形式后面，表示在什么情况之后……之后。② 用在动词祈使式的后面，乃将然已然信而微质疑问之语气。

N.

[名] ① 地，土地，大地。② 衬地儿，指绸、缎、布等物上面无花纹处的地儿。

清文助语虚字注述

neoqin
[形] ①平的，同等的。②平等，同等的。③平安的，安定的，太平的。④平的，平坦的，平整的，平展的。⑤平，封谥等处用语。

neoñgerešun
附加成分：①略支撑。②心中略郁结。

neoñgešembi
[不及] 词根+行为附加成分+形容词比较级，略支撑。

nemeyen
[形] ①温和的，温良的。②婉，封谥等处用语。

nememe
[副] 先，首先，预先，事先。

nemembi
[不及] 抬起（脚后跟），架起，支搁，支撑。

ne je
[副] 愈，益，反而，越发。

ne
[词组] 马上。

ne
[名] 现，现今，现在，现时，当今。

narašambi
[副] 毕竟，到底，终究，终归，始终，果然。

naraxambi
[及、不及] 词根+持续态附加成分+动词一般现在时附加成分：恋恋不舍。

nimerakū
[形动] 动词否定式附加成分：不疾。唯恐其疾。

nimembi
[不及] ①痛，疼。②患病，害病。

nikai
[及、不及] ①对付，凑合，将就，勉强。②承当，承受。③靠近。

nikan
[名] 汉族，汉人。

nikai
[语] 呢啊。表示的确这样，实在那样。

ni
[语] 呢，吗。

ni
[助] 的，之，与の同，用于の字下。

nesuken
[形] ①温良的，顺和的，温顺的，温雅的。②安静的，安宁的，平稳的，稳重的，泰然的，雍容的。③安详的，安然的。④康，封谥等处用语。⑤温，封谥等处用语。

neoñgiyembi
[及] 词根+行为、力做附加成分+动词一般现在时附加成分：①平抚，安慰，平息，平定，戡定。②平整，填平，弄平。

niyeqetembi ᠨᡳᠶᡝᠴᡝᠮᠪᡳ

【及】ᠨᡳᠶᡝᠴᡝᠮᠪᡳ，词根+力做附加成分+动词一般现在时附加成分：经常补。

niyamiyarambi ᠨᡳᠶᠠᠮᡳᠶᠠᠷᠠᠮᠪᡳ

【动名】ᠨᡳᠶᠠᠮᡳᠶᠠᠷᠠᠮᠪᡳ，词根+动名词附加成分。

【不及】① 补，缀补，缝补，修补。② 补，补充，补偿。

niyamiyambi ᠨᡳᠶᠠᠮᡳᠶᠠᠮᠪᡳ

射了。

niyamai ᠨᡳᠶᠠᠮᠠᡳ

【及】ᠨᡳᠶᠠᠮᠠᡳ，词根+动词一般过去时附加成分：骑射了。

niyamniyahā

【及】射马箭，骑射。

niyaki ᠨᡳᠶᠠᡴᡳ

【代】ᠨᡳᠶᠠᡴᡳ，词根+领属格附加成分：人的。

niyagude ᠨᡳᠶᠠᡤᡠᡩᡝ

【名】① 人。② 别人，他人，人家。③ 人中，针灸穴位名。指人鼻下唇上之间中凹处。

niyōgu

【语】么，吗。

niōge

【名】① 鼻涕。② 脓液。

【副】上头，顶端。

【时位】ᠨᡳᠶᠣᡤᡝ，词根与位格附加成分：从头，在上面。

【后】的，者，是……的。

o ó a k v

【不及】ᠣᡥᠠᡴᡡ，词根+动词过去时否定式附加成分：未依从，没依从。

qi ombi

【不及】ᠣᠮᠪᡳ，词根+动词过去时否定式附加成分：① 成为，……作为，……当作。② 变为，……化为。

ombi ᠣᠮᠪᡳ

【不及】可，可以，表示判断。前一单词词缀ᡥ+ᠣᠮᠪᡳ，合得来。⑦ 是。
⑤ 归于，属于，落于。⑥ 处得来，合得来。⑦ 是。
④ 到，及至。③ 认可，依从，同意，应允。
当，……作为，……当作。② 充当，……作为，……当作。

nuru

○ ᠨᡠ

【名】酒，黄酒。

nokai ja

【词组】很容易。

nokai

【语】啊，乃将然已然信而微微质疑问之语气。

【副】很，甚，太，非常。

175

ojoroo
许做……

ojoroŋge
[动名] ᡠᠵᠣᡵᠣᠩᡤᡝ，词根+恭敬祈愿式附加成分：肯祈允使得的，作者，为者。

ojoro
[动名] ᡠᠵᠣᡵᠣ，词根+动名词附加成分：可以的，的形态变化之一：可以，可行。

ojorakv
[不及] ᡠᠵᠣᡵᠠᡴᡡ，词根+动词一般将来时附加成分，系可的，使不得的。

ojorakvŋge
[形动] ᡠᠵᠣᡵᠠᡴᡡᠩᡤᡝ，词根+否定式形容词附加成分：不分：不可么。

ojorakv
[形动] ᡠᠵᠣᡵᠠᡴᡡ，词根+动词现在时否定疑问式附加成分使不得。

ojoraku̇ŋge
[形动] ᡠᠵᠣᡵᠠᡴᡡᠩᡤᡝ，词根+动词否定式附加成分：未依的。

ohakv
[不及] ᠣᡥᠠᡴᡡ，词根+过去否定式形容词附加成分：分：没依么。

ohakvn
[不及] ᠣᡥᠠᡴᡡᠨ，词根+动词过去时否定疑问式附加

---

obonoro
ᠣᠪᠣᠨᠣᡵᠣ，时附加成分：去洗啊。

obonombi
[及] ᠣᠪᠣᠨᠣᠮᠪᡳ，词根+去向态附加成分+动词一般将来时附加成分：去洗，去洗涤。

obofi
[及] ᠣᠪᠣᡶᡳ，词根+去向态附加成分+动词一般过去时附加成分：洗了。

obofo
[及] ᠣᠪᠣᡶᠣ，词根+顺序副动形式附加成分。

ome
[及] ᠣᠮᡝ，洗，洗涤，洗濯，洗刷。

ombio
[副动] ᠣᠮᠪᡳᠣ，词根+并列副动形式附加成分。

ombime
[副动] ᠣᠮᠪᡳᠮᡝ，词根+顺序副动形式附加成分。

ombio
[连] ᠣᠮᠪᡳᠣ，词根+连词附加成分：可又，为又

ombihebi
[不及] ᠣᠮᠪᡳᡥᡝᠪᡳ，词根+一般现在时疑问式附加成分。具强调语气。

ombihe
[不及] ᠣᠮᠪᡳᡥᡝ，词根+动词过去时现在时附加成分。

ombidere
[不及] ᠣᠮᠪᡳᡩᡝᡵᡝ，词根+一般现在时附加成分+语气附加成分：可以么

ᠣᡥᠣ / o ho

了。

[不及] ᡍᠣᠣ，动词现在完成时附加成分：已……了，要……了，到……了。

①……的过去时。②行了，可以了。③变成……

[不及] ᡍᠣᠣ，词根+动词一般过去时附加成分：

[名] 胳肢窝。

[连] ①因为，由于。②为，作，当作，充作，如使。

[名] (打野鸡用的) 脚套子。

[副动] ᡍᠣᠣ，词根+假定副动形式附加成分：若使，得，弄得。

[不及] ᡍᠣᠣ，词根+动词一般去过时附加成分：使得，授为，拟作。

①使得，使变为，致使。②作，作为，充当。③以为，授为，拟作。

ᠣᡴᡩᠣᠨᠣᠮᠪᡳ / okdonombi

在时附加成分：去迎接。

[及] ᡍᠣᠣ，词根+去向态附加成分+动词一般现在时附加成分：去迎接。

[及] ᡍᠣᠣ，词根+去向态附加成分+动词一般现在时附加成分：①迎，接，迎接。②应，接应。

[形] ᡍᠣᠣ，词根+疑问式附加成分：

[词组] 何等来着，了的来么。为追叹，赞叹语句。

①忽略的，轻视的，疏忽。②容易的，轻易的。③甚，非常，很。④何等的，怎样的。

[不及] ᡍᠣᠣ，词根+过去时疑问式附加成分。

[形] ①忽略的，轻视的，疏忽。②容易的，轻易的。③甚，非常，很。④何等的，怎样的。

[形动] ᡍᠣᠣ，词根+形动形式附加成分。

[形动] ᡍᠣᠣ，词根+完成态附加成分+形动词疑问式附加成分。

止，作不止。

[副动] ᡍᠣᠣ，词根+连续副动形式附加成分：了不分：了的时候。

[副] ᡍᠣᠣ，词根+完成态附加成分+与位格附加成分。

[连] 若，设若。

177

清文助语虚字注述

ᠣᡳᡥᠣᠺᡠᠺᠠ oihoquka
[不及] 词根+动词持续态附加成分+动词
一般现在时附加成分：①慎重，谨慎，小心，留神，注意。②警惕，谨防，提防，防范。

ᠣᡳᡥᠣᠷᠣ oihoro
[形] 词根+形容词附加成分：可畏。惧事。

ᠣᡳᠨᡤᡠᠪᡳ oinqubi
[名] 词根+名词附加成分：畏惧事，恐慎，会畏惧。

ᠣᡳᡥᠣᠪᠠ oihoba
[不及] 词根+一般将来时附加成分：将谨重的，审慎的，小心的。②慎，封谥等处用语。

ᠣᡳᡥᠣᠮᠪᡳ oihombi
[形] 词根+形容词附加成分：①谨慎的，慎小心，当心。③畏惧，恐惧。留神。

ᠣᡳᠨᡳ oini
[不及] ①干，变干，干涸，干枯，干裂。②谨慎，小心，

ᠣᡴᡳ oki
[不及] 词根+祈愿式附加成分：欲，想往，想要，常与 ᠰᡝᠮᡝ 连用。

ᠣᠨᡤᠣᡩᠣᠮᡝ onqodome
[副动] 词根+并列副动形式附加成分。

ᠣᠨᡤᠣᡩᠣᠮᠪᡳ onqodombi
[及] 原谅，体谅，饶恕，宽恕，宽宥，赦免。

ᠣᠨᡤᠣᠯᠣ onğolo
[后] 要求它前面的词是属格形式或动词的形动形式：先，先前，从前，过去，以前，在……以前，在……之先。

ᠣᠨᡤᡳᠴᠠᠮᠪᡳ onğicambi
[不及] 乱来，乱弄，愚弄，胡干。

ᠣᠮᡳᠮᡝ omime
[名] (河)港, (河)湾。

ᠣᠮᡳᡬᠠᠮᠪᡳ omiqambi
[不及] 词根+共同态附加成分+动词一般现在时附加成分：共饮。

ᠣᠮᡳᡴᡳ omiki
[不及] 词根+动词祈愿式附加成分：请喝，欲喝。

ᠣᠮᡳᡶᡳ omifi
[副动] 词根+动词顺序副动形式附加成分。

ᠣᠮᡳᡴᡳ omiki
[及] ①喝，饮。②服，吃(药)。③抽，吸(烟)。

ᠣᡳᡥᠣᠷᠣ oihoro
[形动] 词根+动词持续态附加成分+形动词附加成分：小心着。

oshohon
[形] ①小的。②残酷的，暴虐的，凶残的。
[词组] 什么都没有，一总没有。
②祭祀时打板人等拉长声呼喊。

orolombi
附加成分：①代替，代理，顶替，顶缺，取代。
[及] 词根+行为附加成分+动词一般现在时。
[副] 全然，根本，丝毫，从来。

oron
[名] ①痕迹，形迹，踪迹。②位，位置，座位。
③（官）缺。④魄。⑤（星）辰。⑥（牲畜的）衣胞。
⑦精液。⑧长尾鹿。

oqibe
[副动] 词根+让步副动形式附加成分：①虽则，虽然，或者。②即使，纵使，就是，尽管，不论，任凭。

oqi
[小] 位于主语后，表示肯定：乃，是，为。
[连] ①若，则，如，假如。（语气词，起连词作用，引后续语句，在语句中起到承上接下作用。）②至于，说到。

[后] 除了，除……之外。
[名] 差别。
[时位] ①那边，那面。②（前年、前天之）前。
[名] 茶，茶叶。

oto
[名] ①池子。②畦子，菜畦，畦田。

ofoto
[副动] 词根+直至……副动形式附加成分：迄，至，到……为止，直到……时候，截至……比及……，大约。
[不及] 词根+动词祈使式附加成分：由……做。

oshodombi
[及] 词根+行为附加成分+动词一般现在时附加成分：暴虐行凶。

179

清文助语虚字注述

ᠴᡳ
qi
[助] 格助词。①从格：自，由，从。②比格：比，比较。

ᠴᡝᠨ ᡦᡳᠩ
cen ping
[拟]〈名〉陈平。

ᠴᡝᡴᡠᡩᡝᠮᠪᡳ
qekudembi
[不及] 时附加成分：打秋千。

ᠴᡠᡴᡠ
qeku
[名] 秋千。

ᠴᡝᠮᠪᡝ
qembe
[代] ᠴᡝ+ᠪᡝ，词根+代词宾格附加成分：将他们，使他们。

ᠴᡝᠩᡤᡝ
qeinge
[代]〈地〉昌吉。

ᠴᡝᠨᡳ
qeni
[名]（册宝之）册。

ᠴᡝᠨᡳ
qeni
[代] ᠴᡝ+ᠨᡳ，词根+领属格附加成分：他们的。

ᠴᡝ
qe
[代] 他（她）们，伊等。

ᠴᡝᠮᠪᡝ
[代] ᠴᡝ+ᠪᡝ，词根+名词附加成分：是他们的。

ᠴᡳᠨ
qin
[名] ①昌吉。

ᠴᡳᠨᡳ
[副] 尽是，全是，都是，纯是。

ᠴᡳ
qi
[名] ①前天，前日。②向着。

ᠴᡳᠩ
qing
[形] ①硬的，坚硬的，紧固的。②紧的，发紧的，

ᠴᡳᠩ
qing
[名] ①面孔，脸面。②气色，脸色。

ᠴᡳᠩ
[名] 正中，正向南，正面。

ᠴᡳᠮᠠᡵᡳ
qimari
[名] ①明天，明日，翌日。②清晨。

[量] 垧，亦作坰，即计算地亩的单位，清代东三省以十五亩为一垧地，关内以六亩为一垧地。

ᠠᠩᡤᠠᠯᠠ
angga
[名] ①明天。②喜欢呀，爱好呀，喜欢。③只管寻隙，只管寻衅，平白寻事骂人。④趁势，趁便，随机。

ᠴᡳᡥᠠᠩᡤᠠᡳ
qihanggai
[形] ①自愿的啊，情愿的啊，愿意的呀，志愿的呀。

ᠴᡳᡥᠠᠩᡤᠠ
[形] ᠴᡳᡥᠠ+ᠩᡤᠠ，词根+形容词附加成分+语气附加成分：乐意，不愿意。②（有病）不舒服的。

ᠴᡳᡥᠠᡴᡡ
[及] ᠴᡳᡥᠠ+ᠠᡴᡡ，词根+否定态附加成分：①不喜欢，不好，兴趣。②心愿，愿望，志愿。③欲，欲望，情欲。④随意，随由，任凭，任意。

ᠴᡳᡥᠠᠩᡤᠠ
[名] ᠴᡳᡥᠠ+ᠩᡤᠠ，词根+名词附加成分：①喜，喜好，嗜好，兴趣。

[副] 接二连三，再三，反复地，三思。

ᡥᠣᠣᠯᠣ
qoolo

③武。

ᠴᠣᡳᡤᠣᡵᠣᡩᡳ
qoigorodi

[名] ①卒，军。②军队，部队，队伍，师旅。

ᠴᠣᡳᡤᠣᡵᠣᠮᠪᡳ
qoigorombi

[名] ①号，称号，名号。②外号，绰号，诨号。

分：超然出众了。

[形] ᠴᠣᡳᡤᠣᡵᠣ+ᡴᠣ，词根+行为附加成分+形容词附加成分
②巍巍，高峻。

[不及] ①出类拔萃，超群，卓越，超众。

峨，巍巍。②超群的，卓异的。③超，封谥等处用语。

[形] ᠴᠣᡳᡤᠣᡵᠣ+ᠩᡤᡝ，词根+形容词附加成分：①高耸，巍

等处用语。

严紧的。⑤严格的，严厉的，严肃的。⑥肃，封谥

紧绷绷的。③结实的，强壮的，健壮的。④严密的，

ᠰᠠᡩᡠᠨ ᡥᠠᠯᠠ
sadun hala

过去时附加成分。

[及] ① ᠰᠠᠮᠪᡳ 的祈使式。② ᠰᠠᡥᠠ，词根+动词一般过去时：知道了。

ᠰᠠᡩᡠᠮᡝ
sadume

[名] 畋猎，常用 ᠪᡝ 连用，即 ᠰᠠᠮᠪᡳ。

[词组] 外姓，姻亲。

ᠰᠠᠪᡠᡥᠠᡴᡡ
sabuhakv

[不及] ᠰᠠᠪᡠ+ᡥᠠᡴᡡ，词根+行为附加成分+动词一般现在时附加成分：结亲。

ᠰᠠᠪᡠᠮᡝ
sabume

[名] （男）亲家。

[副动] ᠰᠠᠪᡠ+ᠮᡝ，词根+并列副动形式附加成分。

ᠰᠠᠪᡠᠮᠪᡳ
sabumbi

未见，没有看见。

[及] ᠰᠠᠪᡠ+ᠮᠪᡳ，词根+动词过去时否定形式附加成分：

[及] ᠰᠠᠪᡠ 的祈使式。

③们，等。

ᠰᠠ
sa

[名] ①车辕，车沿，与 ᠮᡠ 同。②白草，麻草。

清文助语虚字注述

sambi
〔及〕ᠰᠠᠮᠪᡳ，词根+一般现在时附加成分：①知道，晓得，懂得。②审查，鉴。③照，照见。④伸开，伸长，拖长，绵延，引。⑤远离。⑥三代是堂房亲戚关系的。⑦疏远。

sakda
〔形〕老的，年老的，年长的，年迈的。
〔名〕①老年人，长者。②豼，老母猪。③四岁的野猪。④萨克达，清初部落名。

saksa
〔语〕一般用于动词末尾表示形态的连续性，用于形容词末尾时表示时间上的短促，用于动词末尾时表示形态的连续性。

saksa
〔名〕（生拌吃的）肉胗。

saikan
〔形〕好么。
〔语〕用语。
美的。②好好的，妥善，好生。③芳，封谥等处用的，漂亮的，俊美的，标识的，优美的，秀丽的，娇

sainka
〔形〕ᠰᠠᡳᠨᡴᠠ，词根+形容词附加成分：①美的，美丽好，优，良，善，美。

---

sebe
ᠰᡝᠪᡝ〔不及〕ᠰᡝᠪᡝ，词根+动词一般过去时附加成分：①说了，已说。②钦此。

sefi
ᠰᡝᡶᡳ〔副动〕ᠰᡝᡶᡳ，词根+顺序副动形式附加成分：说了，说毕。

sembi
ᠰᡝᠮᠪᡳ〔不及〕ᠰᡝᠮᠪᡳ〔及、不及〕①说，曰，谓，云，称；据说，听说，说是。②叫作，称为，谓为。③欲，要，想要打算，愿，祝愿。④句子中，当引用某句话、某人言论或叙述某件事时，以ᠰᡝᠮᠪᡳ、ᠰᡝᠮᠪᡳ来煞尾。

se
ᠰᡝ〔名〕①岁，岁数，年龄。②（牲畜的）岁口。③生丝。④参芦，指参梗与根结合处所生的节名。

serkv
ᠰᡝᡵᡴᡡ〔形动〕不知ᠰᡝᡵᡴᡡ的祈使式。

saqi
ᠰᠠᠴᡳ〔及〕ᠰᠠᠴᡳ，词根+一般将来时附加成分。

saqi
〔副动〕ᠰᠠᠴᡳ，词根+假定副动形式附加成分：若知。

sampi
〔形〕ᠰᠠᠮᡦᡳ，词根+形容词附加成分：撑，撑开，展开。

清文助语虚字注述

sehengge
[形动] ᠊᠊᠊᠊，词根+形动词疑问式附加成分：说的么。

sehekv̇ge
[形动] ᠊᠊᠊᠊，词根+形动形式附加成分：说未的。

sehekvn
[形动] ᠊᠊᠊᠊，词根+形动词疑问式附加成分：说的么。

sehekv̇
[不及] ᠊᠊᠊᠊，词根+过去否定式形容词附加成分：分：没说么。

sehei
[不及] ᠊᠊᠊᠊，词根+动词过去时否定疑问式附加成分：说，没有说。

sehede
[副动] ᠊᠊᠊᠊，词根+动词过去时否定式附加成分：说未止。

sehengge
[副动] ᠊᠊᠊᠊，词根+连续副动形式附加成分：说了的时候。

sehe
[形动] ᠊᠊᠊᠊，词根+完成态附加成分+形动形式附加分：说了的。

sehe biqi
[形] ᠊᠊᠊᠊，词根+完成态附加成分+形容词附加成分：说了，刚说了。 ᠊᠊᠊᠊ ，将欲，将要。
[词组] 将说了，刚说了。

seqibe
[副动] ᠊᠊᠊᠊，词根+让步副动形式附加成分：虽说。

seqi
[副动] ᠊᠊᠊᠊，词根+动词假定式副动形式：若说，如说。

semeo
[副动] ᠊᠊᠊᠊，词根+动词假定式副动形式：说。 ᠊᠊᠊᠊ ：若要，如欲。

seme
[小] ᠊᠊᠊᠊，词根+动词进行时疑问式附加成分，位于句末表示反问：吗，乎，哉。

sembio
[副动] ᠊᠊᠊᠊，词根+并列副动形式附加成分。么，要么。

sembime
[副] ᠊᠊᠊᠊，词根+动词连词附加成分：虽说，虽然，即使。

sembihebi
[连] ᠊᠊᠊᠊，词根+连词附加成分：说又。语气。

sembidere
[不及] ᠊᠊᠊᠊，词根+一般现在时疑问式附加成分：说。具强调

sembihe
[不及] ᠊᠊᠊᠊，词根+过去现在时附加成分：说。

seki
[不及] ᠊᠊᠊᠊，词根+过去现在时附加成分：想是说罢了。
[不及] ᠊᠊᠊᠊，词根+语气附加成分：想是说罢了。
[不及] ᠊᠊᠊᠊，词根+动词祈愿式附加成分：要说。

sere barama　[词组] 常言道。在句尾用。

sere anbala　[词组] 不但说，且莫说，且别说。在句尾用。

sere　[形动] 说的，有的。

serengge　[联动] 说的，称、谓。

serengge　[名] 虫卵，专指蝇卵。

sere的么。

serakūnggeo　[形] 的词尾变化形式之一，义为说、说是、所云、等用，叙述成分的联接作用，在语句中起到所引词附加成分：没有不说的，无不说。

serakūn　[形] 词根+否定式疑问式附加成分：不说么。

serakū　[形动] 词根+动词否定疑问式附加成分：不说。

serakv　[形动] 词根+动词现在时否定疑问式附加成分：不说么。

seqima　[不及] 词根+动词期望祈使式附加成分：

sokuken　[形] 词根+形容词比较级附加成分：略伶透。

seku　[形] 聪明的，灵敏的，伶俐的，机灵的。

sefu　[名] 老师，师父，师傅，导师。

seferxembi　[及] 附加成分：乱抓，乱攘。注：字母ᠨ与ᠶ之间的元音脱落，也可不脱落。

seferxembi　[及] ①攘，握，抓。②把握，掌握，把持，执掌。③操心，揪心。

sefereembi　[副] 罕见，新近才，刚刚。与...同。

setele　[副动] 说到。

sereiñge　[动名] 词根+直至副动形式附加成分：说至，说到。

serede　[形动] 词根+动名词附加成分。

　　　　[形动] 词根+行为附加成分+形动词附加成

清文助语虚字注述

si ᠰᡳ
[名] ①幼丁，与 ᠰᡳ 同。②空隙，空地方。③间[代] 你。

sesulumbi ᠰᡝᠰᡠᠯᡠᠮᠪᡳ
[不及] ᠰᡝᠰᡠᠯᡠᠮᠪᡳ，词根+开展附加成分+动词一般现在时附加成分：打冷战，打寒噤，(因冷而)战栗。
骇，惊诧，惊异。同 ᠰᡝᠰᡠᠯᡠᠮᠪᡳ。

sesuqe ᠰᡝᠰᡠᡴᡝ
[不及] ①惊，吃惊，受惊，吓一跳。②惊讶，惊木，又作夹子腮。
[名] ①颌，下巴颏儿。②(驼牛等的)穿鼻木，(穿鼻用的)弯钩子。③(打鸟夹子上与环木相对的)下环木，又作夹子腮。

sendejembi ᠰᡝᠨᡩᡝᠵᡝᠮᠪᡳ
[不及] ᠰᡝᠨᡩᡝᠵᡝᠮᠪᡳ，词根+自损附加成分+动词一般现在时附加成分：自决口子，裂开，出豁口，(刀刃)自崩溃，突破。

sendejembi ᠰᡝᠨᡩᡝᠵᡝᠮᠪᡳ
附加成分：决口，掘开口，弄出缺口，打开缺口，冲
[及] ᠰᡝᠨᡩᡝᠵᡝᠮᠪᡳ，词根+力做附加成分+动词一般现在

side ᠰᡳᡩᡝ
[后] ①中间，之间。②在……时候，当……时间人，中证人。
[名] ①缝，缝隙，空隙。②公，公共。③干证，中

sidehunjembi ᠰᡳᡩᡝᡥᡠᠨᠵᡝᠮᠪᡳ
[及] ᠰᡳᡩᡝᡥᡠᠨᠵᡝᠮᠪᡳ，词根+行为附加成分+动词一般现在时附加成分：①插空儿。②相间隔开。
[名] ①门闩。②(窗的)横楞，(车、轿、桌椅、梯子等的)横撑。

singi ᠰᡳᠩᡳ
[代] ᠰᡳᠩᡳ，词根+比从格附加成分：比你，从你。

sini ᠰᡳᠨᡳ
[代] ᠰᡳᠨᡳ，词根+名词附加成分：是你的。

sinde ᠰᡳᠨᡩᡝ
[代] ᠰᡳᠨᡩᡝ，词根，与位格附加成分：在你，与你。

simbe ᠰᡳᠮᠪᡝ
[代] ᠰᡳᠮᠪᡝ，词根+代词宾格附加成分：把你，将你。
你这。

si ᠰᡳ
[及] ᠰᡳ 的祈使式。
隙，距离。④(句中的)标点，系旧话，与 ᠰᡳ 同。

清文助语虚字注述

sindambi / **sindanembi**
口说。⑩施加，施威。⑪放（鹰捕猎）。⑫放松，放下，放下来，垂放。⑬发放，开放，放送。⑭（信）派，派出，补放。⑥留，蓄，留作。⑦放下，放出，设置。⑧放走，放开，释放。④纵，放纵，放任。③放，放置，摆设，陈列。②放进去，加进去。

simbi
[及] 挑选。②考，考试。

siksa
[及] 去考，去考试。

sinenembi
绝，断绝。④补上，补空，代替别人去。

sidereshun / **sidereembi**
[及] ①堵住，堵塞，塞住。②行贿，贿赂。③杜绝。

siden
[名] 昨日，昨天。

sideri / **siderembi**
[形] 词根+开展附加成分+形容词比较级附加成分：足微拘绊。①上马绊。②羁縻。

sidenderi
[副词] 词根+从格附加成分，构成副词：自其间。

---

soŋgombi
哭泣，啼哭。②（鸟）嘤嘤叫。

[不及] 词根+一般现在时附加成分：①哭，时附加成分：去请。

solimbi
[及] 请，邀请，延请，延聘，聘请，招聘，征聘。

solinambi
[及] 词根+去向态副动形式附加成分。

[副动] 词根+并列副动形式附加成分+动词一般现在时附加成分：去请。

soktombi
[不及] ①醉。②陶醉，沉醉。

siraŋ siran i
[词组] 节次，络绎，陆续，鱼贯，源源，迤逦。

siyan
拟序。

siŋgeri
[名] ①鼠。②子，地支的第一位。

sindu
⑮下、奕（棋）的祈使式。⑯葬，安葬。
[及] 松开。⑬点燃，燃放。⑭放上，标上，点上。

suiju

[名]〈地〉苏州。

suihenembi

[名] 词根+名词附加成分：劳苦事。

suihe

[名] ①绶带。②穗儿，鞭梢儿。

suihetembi

[不及] 秀穗。

suifun

[形] ①松的，虚的，松软的，松弛的。②空的。③空闲的，闲暇的，闲散的，清闲的，悠闲的。④散的，零的，零散的，散放的，散开的。

suifuleqembi

[不及] 词根+动用附加成分+动词一般现在时附加成分：斧劈，斧剁，斧砍，斧削。

suifun

[名] 斧子，斧头。②纸锞。

suifulembi

[形动] 词根+形动形式附加成分。抉择。

sunjombi

[及] ①选，选举。②选择，挑选，选拔，拣选。

songgoqombi

[不及] 词根+共同态附加成分+动词一般现在时附加成分：共哭。

susai

[数] 五十。

susaita

[数] 词根+分配数附加成分：各五十。

subuhvn

[形] 动词一般现在时附加成分：半醒微醉貌。

subumbi

[及、不及] 词根+使动、被动态附加成分：① 的使动、被动态。②使(酒)醒，解(毒)。使清醒。③脱开，解脱。④消除，解除。⑤解释，解开。⑥堕胎。⑦解宽。

subumbi

[形] 词根+使动、被动态附加成分+形容词开除，除去。⑨挂霜，凝霜，蒙霜，寒气凝结。

sumbi

[及] ①解，解开。②脱，脱掉。③卸(车)，卸(套)。④开，打开。⑤堕胎，流产。⑥解释，解除，免除，消除。⑦解除，免除，消除。⑧注销，说，说明，注释。

sula

[名] ①白丁。②闲散，装的。

[tafularaků]
附加成分：不劝。

[tafulara]
[形动] 词根+行为附加成分+动词否定式附加成分。

[tafulambi]
[及] 词根+行为附加成分+动词一般将来时附加成分。
劝谏，劝说，规劝，劝导，劝阻。

T ᠣ ᠴ

[suweni]
[代] 词根+领属格附加成分：你们的。

[suwembe]
[代] 词根+代词宾格附加成分：把你们，叫你们。

[suweliyakabi]
[代] 时附加成分：参杂，参混。

[suwaliyakabi]
[及] 词根+力做附加成分+动词一般过去时附加成分：参杂，参混。

[suweliyambi]
[及] ①混合，参杂，参和，兑入。②兼，连，并，合在一起。

现在时附加成分：厮打，斗殴。

[tantambi]
[不及] 词根+齐动态附加成分+动词一般现在时附加成分。

[tantambumbi]
[及] 词根+使动、被动态附加成分+动词一般现在时附加成分。
打，责打，拷打，又作 ᡨᠠᠨᡨᠠᠮᠪᡳ。

[tan]
[名] 滩，浅滩，河滩。

[tun]
[副] 同 ᡨᡠᠨ。

[talude]
[副] 有时，间或，偶然，偶尔，万一。

[tulu]
[名] 野外，野地。

[unggu]
[不及] 且住，暂停。

[takara]
[名] 词根+名词附加成分：认识水平。

[takambi]
[及] 词根+动词一般将来时附加成分。
①认识，认得，熟悉，通晓。②认出，识别，辨别，辨认。③知道，晓得，懂得，了解。④拜认（干亲、师父等）。

分：学来着么。

ᡨᠠᡤᡳᡴᡳ
taqiki
【及、不及】ᡨᠠᠴᡳ+ᡴᡳ，词根+过去现在时疑问式附加成分，欲学。

ᡨᠠᡤᡳᡥᠠᡣᡡ
taqihakv
【及、不及】ᡨᠠᠴᡳ+ᡥᠠᡣᡡ，词根+动词祈愿式附加成分：没学过。

ᡨᠠᡤᡳᠪᡠᡵᡝ
taqibure
【及、不及】ᡨᠠᠴᡳ+ᠪᡠᡵᡝ，词根+动词过去时否定式附加成分：已经学了。

ᡨᠠᡤᡳᠪᡠᠮᠪᡳ
taqibumbi
【动名】ᡨᠠᠴᡳ+ᠪᡠᠮᠪᡳ，词根+使动、被动附加成分+动名词附加成分：训练。

ᡨᠠᡤᡳᠪᡠᡥᠠ
taqibuha
【及、不及】ᡨᠠᠴᡳ+ᠪᡠᠮᠪᡳ，词根+使动、被动附加成分+动词一般现在时附加成分：①教，教授，驯，训练，调教，教练，诲，教训，开导，劝导。②学，学习。②惯于，习惯于，养成习惯。

ᡨᠠᡴᠠᠰᡠ
tahasv
【不及】ᠣᠶᠣᠮᠪᡳ 的祈使式

ᡨᠠᡴᠠᠨ
tahan
【及、不及】①ᠣᠶᠣᠮᠪᡳ，词根+动词一般现在时附加成分：①掛，倒。④载，种植。⑤安置，安顿。⑥驻扎，成③驻，倒。④载，种植。⑤安置，装，装载。的使动、被动态。②盛，装，装载。

ᡨᠠᠰᡥᠠᠨ
tashan
【名】今，如今，而今，当今。

ᡨᠠᠰᡥᠠᡴᡡ
tashakv
【形】①错的，错误的。②假的，虚假的，虚伪的。

ᡨᠠᡴᠠ
taka
【名】错误，谬误，误解，误差，差错。

ᡨᠠᠴᡳᠨ
taqin
【名】ᡨᠠᠴᡳ+ᠨ，词根+名词附加成分：①戒，戒律，戒条，戒规。②禁忌事，忌讳事。

ᡨᠠᡴᡳᠨᠵᡳᠮᠪᡳ
taqinjimbi
【及、不及】ᡨᠠᠴᡳ+ᠨᠵᡳᠮᠪᡳ，词根+去向态附加成分+动词一般现在时附加成分：去学。

ᡨᠠᡴᡳᠮᠪᡳᠣ
taqimbio
【及、不及】ᡨᠠᠴᡳ+ᠮᠪᡳᠣ，词根+一般现在时疑问式附加成分。

ᡨᠠᡴᡳᠮᠪᡳᠮᡝ
taqimbime
【副动】ᡨᠠᠴᡳ+ᠮᠪᡳᠮᡝ，词根+一般现在时附加成分+并列副动形式附加成分。

【代】ᡨᡝᡵᡝᡳ terei，词根+领属格附加成分：他的。

【代】ᡨᡝᡵᡝᡩᡝ terede，词根+宾格附加成分：叫他。

【连】ᡨᡝᡵᡝ ᠠᠩᡴᠠᠯᠠ tere aňkala 而且。

【词组】ᡨᡝᡵᡝ tere 况且，不独那样，不但那样，强如那样。在句首用。

【代】①他，她，它。②那，那个。

【代】ᡨᡝᠰᡝ tese 那样，那些，那么。

【副】ᡨᡝᠮᡠ temu 方才，刚才，刚刚。

【名】ᡨᡝᠮᡠᠴᡴᡝ temucke 轴。〈引〉ᡨᡝᡵᡝᡳ⋯⋯ 无论怎样的。

罢，坐着吧。

【不及】ᡨᡝᡴᡳᠨᡠ teqinu，词根+动词期望请愿式附加成分：坐是坐着。

【副动】ᡨᡝᡴᡳᠪᡝ teqibe，词根+让步副动形式附加成分：虽坐，欲居住。

【不及】ᡨᡝᡴᡳ teki，词根+动词祈愿式附加成分：请坐，欲

一直坐。

【副动】ᡨᡝᡥᡝᡳ tehei，词根+连续副动形式附加成分：坐不止，

【不及】ᡨᡝᡥᡝ tehe，词根+动词一般过去时附加成分

【副动】ᡨᡝᡶᡳ tefi，词根+动词副动形式附加成分。

⑪崩刃，锩刃。

眍。⑨澄，沉淀，沉积。⑩腹泻，泻肚，拉肚子。⑦做，当。⑧下沉，下陷，积存，积（水），积（尘）。⑤结（果，实，奶皮子等）。⑥（车，船、飞机等）。

【不及】①坐。②住，居住。③驻，驻扎。④搭，乘，偏是。

【副】①唯独，唯一，仅仅，只有。②尽其所能。③偏，方才，适间，刚才。

【代】彼，其，那个。

酿，酿造，发酵。⑩存（心），潜（心）。

驻屯。⑦入殓，装殓。⑧扣除，克扣，刨除。⑨

tomi

[后]每，各，每个，每次，每当。另作叠词用。

tokome

[名]村，村落，村庄，乡村，屯。

tokonombi

[副动]词根+并列副动形式附加成分。

tokoto

[及]①扎，刺，戳，捅。②蛰，叮，咬。③指。

tofohon

[数]十五。

tofohoton

[数]词根+分配数附加成分：各十五。

⑦庄，封谥等处用语。

tob

[形]①正，正直的，端正的，端正的。②耿直的，直爽的，直率的，憨直的。③（心情、情绪等）镇定的，沉静的，平静的。④已知的，径直的，直接的。⑤正中的，中心的，中央的。⑥正，封谥等处用语

teyefi

[副动]词根+顺序副动形式附加成分。

teyembi

[不及]稍息，稍停，小憩，歇息，休息。

tetendere

[连]词根+语气附加成分：既然，即便。

terecige

[代]词根+领属格附加成分：那个的，是那个的；他的，是他的。

tuba

[代] 词根+位格附加成分：在那里。

tubade

[代]那里，彼处。

tookaburakū

[形动] 词根+形动词现在时否定疑问式附加成分：不误事么。

之意。

tookabumbi

[形动]①耽误，贻误。②掣肘，系旧清语，旷，误，旷废。

tookambi

[及、不及]①耽搁，停滞，拖延，迟滞，遇到障碍，遇阻，受阻。②逗留，停留。+一般现在时附加成分：①的使动、被动态。

②耽搁，耽误，延误，贻误。③旷，误，旷废。④释忧，解闷，排遣。⑤掣肘，系旧清语，

tondo

[形]①直的，笔直的。②耿直的，梗直的，直爽的，

封谥等处用语。的，敦厚的。④公正的，秉公的，正义的。⑤忠，正直的。③忠诚的，忠厚的，真诚的，诚实的，老实

ᡨᡠᡴᡳᠶᠠᠨᡩᡝ
tuqiyande
[副动]词根+先行副动形式附加成分：未出之间。

ᡨᡠᡴᡳᡴᡝ
tuqike
[不及]词根+动词过去时否定式附加成分：未出，没有出来。

ᡨᡠᡴᡳᡴᡝᡴᡡ
tuqikekū
[不及]词根+一般过去时附加成分：出来了。

ᡨᡠᡴᡳᠮᠪᡳ
tuqimbi
[不及]①出，出去，出来。②出发，出动。③上，出，生出。⑥出产。④出现，发生，产生。⑤露出，显出，长去，到。

ᡨᡠᠯᡝᡵᡤᡳᡩᡝᡵᡳ
tulergideri
[不及]之外，以外。上必用ᡩᡝ字...ᠮᠠᠨᡤᡤᡳ～，除此之外。①除外。②另外，另眼，见外。

ᡨᡠᠯᡝᡵᡤᡳ
tulergi
[副][后]①外，外面的，外边的，外头的。②外表的。③外在的，外界的，外部的。

ᡨᡠᠯᡝᡵᡤᡳᠴᡳ
tulergici
[时位]词根+名词从格附加成分：从外边。

ᡨᡠᠪᠠᠴᡳ
tubaci
[代]ᡨᡠᠪᠠ+ᠴᡳ，词根+比从格附加成分：比那里，从那里。

ᡨᡠᠸᠠᠮᠪᡳ
tuwambi
[及]词根+动词一般现在时附加成分：看，视，照看，照应。⑤观看，参观，观望。②阅，念，阅读。③看望，探望。④照。待，照看，⑥照。①看，视。

ᡨᡠᠸᠠ
tuwa
[及]ᡨᡠᠸᠠᠮᠪᡳ的祈使式：看。

ᡨᡠᡨᡠ
tutu
[名]火。

ᡨᡠᡨᡳᠨ
tutin
[连]所以，故。

ᡨᡠᡨᡠ
tutu
[代]那样，那么，像那样。

ᠪᠠᡳᡨᠠ
baita
[名]①益处，利益，好处。②效果。③功用，用处。

ᠰᡠᠰᡠ
susu
[名]①原因，缘故，情由，事由，理由。②事情，情况。

ᡨᡠᡵᡝᠮᠪᡳ
turembi
[及]ᡨᡠᡵᡝ+ᠮᠪᡳ，词根+力做附加成分+动词一般现在时附加成分：鞔(靴、袜的)鞔子。

ᡨᡠᡵᡝ
ture
[名](靴、袜等的)筒，鞔。

ᠨᡠᡳᠪᡳ
nuibi
令...出去。

ᡨᡠᠪᡠᡤᡳᠨᡳ
tubugini
[不及]词根+动词去向态祈使式附加成分：

ubaliyafi
[副动] ᠣᠪᠠᠯᡳᠶᠠᠮᠪᡳ，词根+顺序副动形式附加成分。

ubade
ubaci
ubalyambi
[不及] ③翻转，反复。
[副] ᠣᠪᠠᠴᡳ，词根+从格附加成分：从此，从这里。②倒翻，倾覆。
[副] ᠣᠪᠠᡩᡝ，词根+位格附加成分：在此，在这里。
①变，变化，化作，演变。

uba
[代] 此处，这里。

tuwara
tuwangimbi
tuwaki
tuwa
[及] ᡨᡠᠸᠠ，动词+一般将来时附加成分：将看。
[及] ᡨᡠᠸᠠ，词根+去向态附加成分+动词一般现在时附加成分：去看。
[不及] ᡨᡠᠸᠠ，词根+动词祈愿式附加成分：看罢。
[及] 差人去看。
⑦观察，试试看。⑧勘（查）。⑨验。⑩筮，占。
⑪根据，按照。

ukcambi
[不及] ᠤᠺᠴᠠ，词根+形动词附加成分：养着的。脱开，脱掉，脱逃。

ujire
[形动] ᡠᠵᡳ，词根+形动词附加成分：养着的。
[及] ①饲养，豢养，喂养。②赡养，养育，抚养，供养。③休养，休息。④生产，生育。

ujimbi
[副动] ᡠᠵᡳ，词根+行为附加成分+并列副动形式附加成分。重，加重。

ujeleme
②重视，看重，珍视。③加剧，恶化。④重，从现在时附加成分：①尊敬，尊重，尊崇，敬重。
[及、不及] ᡠᠵᡝ，词根+行为附加成分+动词一般

ubu
[名] 面，面粉。

udu
[数] ᡠᡩᡠ，词根+序数词附加成分：第几，第几个。词前通常加 ᠴᡳ 一词。
[连] 虽然。

udunggeri
[数] ᡠᡩᡠ，词根+量词附加成分：几次，数词，该
[数] 几，若干，几个，多少。

ᡠᠮᠠᡳ
[副] 别，莫，毋，不用，不要。

ᡠᠮᠠᡳᠨᠠᡴᡳ ᠣᠵᠣᡵᠠᡴᡡ
[词组] 不得已，无可奈何。

ᡠᠮᠠᡳᠨᠠᠮᡝ ᠮᡠᡨᡝᡵᠠᡴᡡ
[词组] 不能怎样。

ᡠᠮᠠᡳ
并不曾怎么着。

ᡠᠵᡳᠨᡨᡠᠮᠪᡳ
[副] 全然，完全，断然，并，竟然。

ᡠᠵᡳ
[及] 奈何，怎样。

ᡠᠵᡳᠶᡝᠨ
[及] 词根+动词过去时否定式附加成分：
过去时附加成分：行贿，贿赂。

ᡠᠪᡳᠶᡝᠨ ᡳ
[名] 财，财物，货财，财帛。

ᡠᠪᡳᠶᠠᠮᠪᡳ
[及、不及] 词根+动词用附加成分+动词一般
曰渐。

ᡠᠪᡳᠶᡝᠨ ᡳ
[副] ①渐进，逐渐，渐次。②渐，易卦名，艮上巽
[名] ①猪。②亥，地支之第十二支。

ᡠᡴᡠᡥᠠ
[不及] 词根+动词一般过去时附加成分：脱
开了。

ᡠᠨᡤᡝᡵᡝᠵᡝ
[名] ①尾，尾巴。②末尾，末端，结尾
售的。（指人或事。）

ᡠᠨᡤᡝᡵᡝᠣ
[动名] 卖，销售，出卖，贩卖，售卖
词根+形容词附加成分：卖的，销

ᡠᠪᡤᡳᡵᡝ
[及] 词根+恭敬祈愿式附加成分。

ᡠᡥᡤᡳᡵᡝ
[形动] 词根+形动词附加成分：打发。

ᡠᠨᡩᡝ
[及] ①发送，寄给，捎去，咨行。②差遣，派遣。

ᡠᠨᡩᡝ
[副] 未，尚未，还没有。

ᡠᠩᡤᡳᡵᡝᠣ
[词组] 正早哩，还是。

ᡠᠮᡳᠶᠠᡥᠠᠨᠠᠮᠪᡳ
[名] ①脊背。②山梁。

ᡠᠮᡝᠰᡳ
[不及] 词根+去向态附加成分+动词一般
现在时附加成分：生蠹，生虫，长虫。

ᡠᠮᡳᠶᠠᡥᠠ
[名] 虫。

ᡠᠮᡝᠰᡳ
[副] ①极，很，颇，甚，最，非常。②全然，完全，
十分，充分，确实。

ᡠᠨᡳᠶᠠᠨ
uniyan

[形] ①空的，空虚的，空心的，空洞的。②虚，白白的。③光，干，单单的。

ᡠᡴᠠᡵᠠ
uqara

[名] 空，空间，太空，苍穹。

ᡠᡴᠠᡵᠠᠪᡠᠮᠪᡳ
uqarabumbi

[及、不及] ᡠᡴᠠᡵᠠ+ᠪᡠ+ᠮᠪᡳ，词根+使动、被动态附加成分+动词一般现在时附加成分：①碰见，遇见，相逢。②遭遇，遭受，遭到。

ᡠᡵᡝᠪᡠᠮᠪᡳ
urebumbi

[及、不及] ᡠᡵᡝ+ᠪᡠ+ᠮᠪᡳ，词根+使动、被动态附加成分+动词一般过去时附加成分：被碰见了。

ᡠᡵᡝᠪᡠᡥᡝ
urebuhe

[及、不及] ᡠᡵᡝ+ᠪᡠ+ᡥᡝ，词根+使动、被动态附加成分+动词一般过去时附加成分：温习了，练了。

ᡠᡵᡝᠴᡝ
urece

[及] ᡠᡵᡝ+ᠴᡝ的使动态。②练，操般现在时附加成分：①熟，成熟，凡生者变熟。②熟练，熟谙，熟稔。

ᡠᡵᡠᠨᠠᡴᡡ
urunaqv

[副] 必定，一定。是，唯。②执意，一定。

ᡠᡵᡠ
uru

[副] ①常常，往往，偏偏，单单，只管，总是，只

ᡠᠯᡥᡳ
ulhi

[名] 人们，众人。

ᡠᡵᡤᡠᠨᠵᡝᡵᠠᡴᡡᠩᡤᡝ
urgunjeraqvngge

[形] ᡠᡵᡤᡠᠨᠵᡝ+ᡵᠠᡴᡡ+ᠩᡤᡝ，词根+行为附加成分+否定式形容词附加成分：不欢喜。

ᡠᡵᡤᡠᠨᠵᡝᠴᡝ
urgunjece

[不及] ᡠᡵᡤᡠᠨᠵᡝ+ᠴᡝ，词根+行为附加成分+动词一般现在时附加成分：喜欢。

ᡠᡵᡤᡠᠨᠵᡝᠮᠪᡳ
urgunjembi

[不及] ᡠᡵᡤᡠᠨᠵᡝ+ᠮᠪᡳ，词根+行为附加成分+动词一般现在时附加成分：喜悦，欢喜，欣喜，欢乐，高兴。

ᡠᡵᡤᡠᠨ
urgun

[名] ①喜，快乐，喜悦。②喜庆，喜事。③怡，封谥等处用语。

ᡠᡵᡝᠪᡠᡵᡝ
urebure

[副动] ᡠᡵᡝ+ᠪᡠ+ᡵᡝ，词根+使动、被动态附加成分+动词假定副动形式附加成分：炼，修炼，磨练。④留难，折磨。

ᡠᡵᡝᠪᡠᡴᡳ
urebuqi

练，训练，操演，锻炼，练习，温习。③冶炼，锻

wajimbi

蛋，葬送。

[不及] ᠸᠠᠵᡳᠮᠪᡳ，词根+动词一般现在时附加成分：
① 完成，完结，完毕，结束。② 丢尽，失去。③ 完

wajiju

[名] 完，尽，竭。

w ᠤ

uyunju

[数] ᡠᠶᡠᠨᠵᡠ，词根+分配数附加成分：各九十。

[数] 九十。
② 受牵连。

uxabumbi

[及] ᡠᡧᠠᠪᡠᠮᠪᡳ，词根+使动、被动态附加成分+动词一般现在时附加成分：① ᡠᡧᠠ 的使动、被动态
③ 牵扯，拉扯。④ 抓痒。

nitu

[及] ① 拽，拉，拖，牵，挽，牵引。② 连累，牵连。

uthai

[代] 如此的，这样的，这种的。

[副] 立即，随即，立刻，马上，就。

wakao

[副] ᠸᠠᡴᠠᠣ，副词词根+语气附加成分(感叹)：不是吗。

wakalarakv

[形动] ᠸᠠᡴᠠᠯᠠᡵᠠᡴᡡ，词根+行为附加成分+动词否定式附加成分：不嗔怪。

附加成分：① 责备，斥责，申斥，谴责，指责，非难。② 参劾，弹劾，纠参。

[及] ᠸᠠᡴᠠᠯᠠᠮᠪᡳ，词根+行为附加成分+动词一般现在时

waji

[副] 非，否，不是。

wajiela

[名] 错误，过错，过失。

wajierakv

[副动] ᠸᠠᠵᡳᡵᠠᡴᡡ，词根+直至副动形式附加成分：至于，完毕。

wajigala

[副动] ᠸᠠᠵᡳᡤᠠᠯᠠ，词根+动词否定式附加成分：不尽。

wajiqabi

[副动] ᠸᠠᠵᡳᡤᠠᠪᡳ，词根+先行副动形式附加成分。

wajifi

[不及] ᠸᠠᠵᡳᡶᡳ，词根+现在完成时附加成分。
罢了。

wajiha

[不及] ᠸᠠᠵᡳᡥᠠ，词根+动词一般过去时附加成分：完了，

wa

ᠸᠠ wa

[代] 谁，何人。

ᠸᠠᠰᡳᠮᛒᡳ wasimbi

[不及] ᠸᠠᠰᡳ+ᠮᛒᡳ，词根+动词去向祈使式附加成分：令下去。

ᠸᠠᠰᡳᠨᡠ wasinu

[不及] ①下来，往下走，降下来，往下落。②（价格）下跌，跌落，往下浮动。③衰败，衰落。④（人、畜等）变瘦。

ᠸᠠᠨ wan

[名] 王，指帝王或最高爵位的人。

[弃舍。]

ᠸᠠᠯᡳᠶᠠᠰᡳ waliyasi

[副动] ᠸᠠᠯᡳᠶᠠ+ᠰᡳ，词根+极尽副动形式附加成分：尽。

ᠸᠠᠯᡳᠶᠠᠮᛖ waliyame

[副动] ᠸᠠᠯᡳᠶᠠ+ᠮᠠ，词根+并列副动形式附加成分。

ᠸᠠᠯᡳᠶᠠᠮᛒᡳ waliyambi

①丢，丢失。②扔掉，抛弃，遗弃，荒废。③转身，背对着人。④吐出，吐丝。⑤（虫子）下子儿，甩子。⑥流汗。⑦宽容，宽免，免除。⑧明葬，即把死孩子丢在荒野。⑨祭，祭奠，扫墓，上坟祭扫。

we

ᠸᡝᡳᠯᡝᡵᡝ weilere

[形动] ᠸᡝᡳᠯᡝ+ᡵᡝ，词根+行为附加成分+形动词附加成分：侍，侍奉，照应，事（亲），系旧话，与 ᠸᡝᡳᠯᡝᠮᠪᡳ 同。

分：侍奉着。

ᠸᡝᡳᠯᡝᠮᛖ weileme

[及] ᠸᡝᡳᠯᡝ+ᠮᠠ，词根+行为附加成分+动词一般现在时附加成分：①做，作，造，制，制作，做事。②服侍，侍奉，照应，事（亲），系旧话，与 ᠸᡝᡳᠯᡝᠮᠪᡳ 同。

ᠸᡝᡳᠯᡳᠶᡝᠮᛒᡳ weiyembi

[副动] ᠸᡝᡳᠯᡳᠶᡝ+ᠮᛒᡳ，词根+并列副动形式附加成分。

[及] 挽扶，扶掖，扶佑。

ᠸᡝᠴᡳ weci

[代] ᠸᡝ+ᠴᡳ，代词根+比从格附加成分：是谁。

ᠸᡝᡴᡝ weke

[代] ᠸᡝ+ᡴᡝ，词根+语气附加成分：谁，何人。

[语] 喂，即叫人或一时想不起名字的时候顺口叫的词儿。

ᠸᡝᡳ wei

[代] ᠸᡝ+ᡳ，词根+领属格附加成分：谁的。

[名]〈动〉鲔。

[量] 微，与 ᠸᠣᠰᠣ 同。

ᠸᡝᠴᠣ weco

[代] 谁呀，将谁呀。

[代] ᠸᡝ+ᠪᡝ+ᠣ，代词+宾格附加成分+语气附加成分：把

ᠸᡝᠰᡳᠮᠪᡳ wesimbi

⑤兴旺,兴盛。⑥涨价。

[不及] ᠸᡝᠰᡳᠮᠪᡳ,词根+动词一般现在时附加成分:

①升,晋,晋升。②溯,逆流而上,向上,朝上,上升,往高处上升。③还宫,回宫。④升天,死去。

ᠸᡝᠰᡳᡥᡠᠨ wesihun

[形] ᠸᡝᠰᡳᡥᡠᠨ,珍贵的,高贵的,尊贵的,显贵的,崇高的,高尚的。

[名] ①仰,往上,朝上,往高处。②以上。③向东,往东,东边。④盛(世)(荣枯之)荣,(兴衰之)兴。⑤崇,荣,封谥之语。

ᠸᡝᡵᡳᠮᠪᡳ werimbi

[及] ᠸᡝᡵᡳᠮᠪᡳ,留,护留,保留,遗留,留给。

ᠸᡝᡵᡳ weri

[代] 他人,别人。

ᠸᡝᠰᡳᡥᡠᠨ wesigun (wesijembi)

[形] ᠸᡝᠰᡳᡥᡠᠨ,热闹,欢乐,快活,快乐。

ᠸᡝᠮᠪᡳ wembi

[形动] ᠸᡝᠮᠪᡳ,词根+形容词附加成分:化开了。

[不及] ᠸᡝᠮᠪᡳ ①向化,感化,教化,化导。②消化,融化,熔化,消融,化冻。

ᠸᡝᠰᡳᠨᡠ wesinu

X ᡥᠠ

ᠸᡝᠰᡳᡵᡝ wesire

ᡥᠠᠪᡳᠰᠠ xabisa

ᡥᠠᠪᡳ xabi

ᡥᠠᠩᡤᠠᠪᡳ xangabi

ᡥᠠᠰᡳᠪᠠᡥᠠᠮᠪᡳ xasibaxambi

ᡥᠠᠰᡳᡥᠠᠯᠠᠮᠪᡳ xasixalambi

[及] ᡥᠠᠰᡳᡥᠠᠯᠠᠮᠪᡳ,词根+持续态附加成分+动词一般现在时附加成分:乱掌嘴。

[及] ᡥᠠᠰᡳᠪᠠᡥᠠᠮᠪᡳ,词根+动词用附加成分+动词一般现在时附加成分:拍,掴,拍掌,拍击,拍打。

[及] ᡥᠠᠩᡤᠠᠪᡳ,赏,赏赐,奖赏,授奖。

[副动] ᡥᠠᠩᡤᠠᠪᡳ,词根+顺序副动形式附加成分。

[不及] ᡥᠠᠪᡳ ①成功,告成,成就;完成。②组成,构成。③结束,终结,完结,终止。

[名] ᡥᠠᠪᡳᠰᠠ,词根+名词的复数附加成分:徒弟们。

[名] ①徒弟,学徒,门徒,门生。②沙弥,沙比。

[形动] ᠸᡝᠰᡳᡵᡝ,词根+形动词附加成分:上着的。上去。

[不及] ᠸᡝᠰᡳᠨᡠ,词根+动词去向态祈使式附加成分:令

ᠶᠠᡴᡡ
yakū
[语] 如有之口气。

ᠶᠠ
[代] 哪个。

ᠶᡝ
ye
[语] 啊,乃将然已然信而微质疑问之语气。

[代] 谁,何,哪个。

[名] 烟霭,烟雾,霭气。

Y ㄚ

ᡥᠣᠯᠣ
xolo
[及] ᡥᠣᠯᠣ 的祈使式。

[及] (在火中) 烤、烧。

ᡥᠣᠯᠣᠮᠪᡳ
xolombi
[名] ① 空,闲,余暇,闲暇,空闲,空暇。② 假,假期。

ᡥᠣᡵᠣᡥᠣᠮᠪᡳ
xoroxombi
[及] ᡥᠣᠯᠣᠮᠪᡳ+ᠮᠪᡳ,词根+持续态附加成分+动词一般现在时附加成分::乱抓,乱挠。与 ᡥᠣᡵᠣᡥᠣᠮᠪᡳ xoroxombi 同。注:…

[及] ①(用爪)抓、搔、挠。② 撮,撮住,撮口,一把攥住。

ᠶᠠᠪᡠᡵᠠᡴᡡ
yaburakū
[及、不及] ᠶᠠᠪᡠ+ᠷᠠᡴᡡ,词根+动词否定式附加成分::不想走。

走,不做。

ᠶᠠᠪᡠᡴᡳᠨᡳ
yabukini
[副动] ᠶᠠᠪᡠ+ᡴᡳᠨᡳ,词根+并列副动词附加成分。

罢,叫他走罢。

ᠶᠠᠪᡠᠮᡝ
yabume
[副动] ᠶᠠᠪᡠ+ᠮᡝ,词根+假定副动形式附加成分::欲走,不止。

[不及] ᠶᠠᠪᡠ+ᡴᡳᠨᡳ,词根+动词祈愿式附加成分::由其走罢,叫他走罢。

[副动] ᠶᠠᠪᡠ+ᠮᡝ,词根+连续副动形式附加成分::走副动形式附加成分。

ᠶᠠᠪᡠᡥᠠᡳ
yabuhai
[及、不及] ᠶᠠᠪᡠ+ᡥᠠᡳ,词根+使动态附加成分+假定副动形式附加成分::令(他)走。

ᠶᠠᠪᡠᠪᡠᡴᡳ
yabubuki
[及、不及] ᠶᠠᠪᡠ+ᠪᡠᡴᡳ,词根+使动、被动态附加成分::令(他)走。

① 行,走。② 走(棋)。③ 行事,做事。

ᠶᠠᠪᡠᠪᡠᠮᠪᡳ
yabubumbi
[及、不及] ᠶᠠᠪᡠ+ᠪᡠᠮᠪᡳ,词根+动词一般现在时附加成分::哪个,自哪个。

ᠶᠠᠴᡳ
yaci
[代] ᠶᠠ+ᠴᡳ,词根+比从格附加成分::是谁,是何,是

199

ᠶᠠᠪᡠᡥᠠ yabuha
[形动] ᠶᠠᠪᡠᡥᠠ，词根+形动词附加成分：走着的。

ᠶᠠᡩᠠᡥᡡ yadahū
[形] ①穷，贫穷，穷尽了。②（痘花等）稀少的，稀疏的。

ᠶᠠᡩᡠᠨ yadun
[形] ①穷，贫穷的，饥馑的。②贫乏的，缺的，少的。

ᠶᠠᡩᡝᡵᡝᠨ yaderen
[形动] ᠶᠠᡩᡝᡵᡝᠨ，词根+形动词附加成分：缺少着的。

ᠶᠠᡴᠰᡳᠮᠪᡳ yaksimbi
[及] ①关，闭，关上。②封，封锁。

ᠶᠠᡴᠰᡳᠰᠠᡳ yaksisai
[副动] ᠶᠠᡴᠰᡳᠰᠠᡳ，词根+极尽副动形式附加成分：紧闭，难开。

ᠶᠠᠯᡳ yali
[名] 肉。

ᠶᠠᠯᠠᡴᡝ yalake
[副词] ᠶᠠᠯᠠᡴᡝ，词根+语气附加成分：果真啊，诚然。

ᠶᠠᠯᡳ yali
[副] 果然，诚然，果真。

ᠶᠠᠯᡠᠮᠪᡳ yalumbi
[形] ᠶᠠᠯᡠᠮᠪᡳ，词根+形容词一般过去时附加成分：骑的，已骑（马）。

ᠶᠠᡵᡤᡳᠶᠠᠨ yargiyan
[形] 真么，实么。
[副] 一定，肯定，确实。

ᠶᠠᡵᡤᡳᠶᠠᠨ yargiyan
[形] 实，真，真的，真实的，实在的，切实的，确实的，确切的。

ᠶᠠᠨ yan
[量] 两。

ᠶᠠᠨᡩᡠᠮᠪᡳ yandumbi
[及] 烦请，央求，请托，求望。

ᠶᠠᠨᡩᡠᡥᠠ yanduha
[及] ᠶᠠᠨᡩᡠᡥᠠ，词根+动词一般过去时附加成分：请托了。

ᠶᠠᠮᠵᡳᡧᡡᠨ yamjishūn
[形] ᠶᠠᠮᠵᡳᡧᡡᠨ，词根+形容词比较级附加成分：傍晚些。

ᠶᠠᠮᠵᡳ yamji
[名] 晚间，晚上，晚晌。

ᠶᠠᠮᠠᡴᠠ yamaka
[词组] 有朝一日。

ᠶᠠᠮᠠᡴᠠ ᡳᠨᡝᠩᡤᡳ yamaka inenggi
[副] 好像。

ᠶᠠᡠᠺᡳ yauki
[代] 不知哪个，（近处的）什么地方。

ᠶᠠᠯᡠᡴᡳ yaluki
[及] ᠶᠠᠯᡠᡴᡳ，词根+动词祈愿式附加成分：请骑，欲骑。

you
[名] 疮。

yoki
[形] ᠶᠣᡴᡳ,词根+形容词附加成分：沉溺贪进去了。

yombi
[不及] ᠶᠣᠮᠪᡳ,词根+动词祈愿式附加成分：去。

yokjo
[不及] 走，去，赴，往，行，表示一种趋向。

yombi
[名] 兴趣，兴致，兴头，意趣。

yobodombi
[不及] ᠶᠣᠪᠣ,词根+行为附加成分+动词一般现在时附加成分：玩耍，耍滑稽，戏弄，戏谑。

yobo
[形] 戏谑的，戏耍的，诙谐的，滑稽的，俏皮的。

yertequn tuwaha
[词组] 见骚了。

yertequn
[名] 愧，耻辱。

yebelerakv
[不及] ᠶᡝᠪᡝ,词根+名词附加成分：羞愧，羞耻，惭加成分：不悦，不满意，不喜欢。

yebelembi
[形动] ᠶᡝᠪᡝ,词根+行为附加成分+动词否定式附现在时附加成分：喜好，抱有好感，感觉满意称心。

yay
[及、不及] ᠶᠠᠶ,词根+行为附加成分+动词一般[代] 凡，诸凡，所有，一切，不拘什么。

yuwaha
[名] 砚。

yoomi
[副] 全，整，全然，尽数。

词汇表转写索引

A

aba	123	aiǩa	124	ajabume	126
abalambi	123	aiǩabade	124	ajabume gisurembi	126
abǩa	123	aiǩanaha	124	ajambi	126
absi	123	aiǩanambi	125	ajige	126
adali	123	aimaǩa	125	ajigen	126
adaliliyan	123	ainaha	125	ajigesi	126
adarame	123	ainaha okini	125	aǩambi	126
afambi	123	ainahai	125	aǩaqun	126
afaňgala	123	ainahani	125	aǩdulaha	126
age	123	ainambahafi	125	aǩdulambi	126
ahvn	123	ainambi	125	ake	126
ahvňga	123	ainambihe	125	aǩv	126
ahvta	123	ainame	125	aǩvmbumbi	126
ai	123	ainaqi	125	aǩvmbume	127
ai ai	123	ainaqi ojoro	125	aǩvn	127
ai alban ni	123	ainara	125	aǩvnahabi	127
ai baita	124	aini	124	aǩvňge	127
ai ǧajiha	124	ainqi	125	aǩvqi	127
ai ǧanaha	124	ainu	125	ala	127
ai gelhun aǩv	124	aiqi	124	alafi	127
ai geli	124	aise	125	alaha	127
ai haqin i	124	aisembi	125	alambi	127
ai hendure	124	aiseme	125	alanambi	127
ai uttu	124	aisereňge	125	alanjihaňge	127
ai yadere	124	aisi	125	alanjimbi	127
ai yoǩto	124	aisilambi	126	alaradeo	127
aibi	124	aisilame	126	alban	127
aibide	124	aisilandumbi	126	alban halan aǩv	127
aibimbi	124	aisilare	126	algin	127
aibishvn	124	aisin	126	alimbaharaǩv	128
aide	124	ajabumbi	126	alimbi	127

203

alime	128	amu manga	129	aqara	130
aliyahabi	128	amuran	129	aqarange	130
aliyakiyambi	128	anahvnjambi	129	aquhiyadambi	130
aliyambi	128	anahvnjan	129	aquhiyan	130
aliyarakv	128	anahvnjara	129	aqun	130
aljafi	128	anambi	129	aqun de qaqun	130
aljambi	128	anan	129	ara	130
ama	128	anara	129	arahange	130
amaga	128	anatambi	129	arambi	130
amai	128	anga	129	arame	130
amba	128	anga aqambi	129	arara	130
ambakan	128	anga senqehe	129	are	130
ambakasi	128	angala	129	arkan	130
amban	128	antaha	129	arsari	130
ambasa	128	antaka	129	asarambi	130
ambula	128	aqambi	129	asarambio	130
amtan	128	aqamjambi	130	atangi	131
amtan bahambi	129	aqan	130	atangi biqibe	131
amu	129	aqanambi	130	ayoo	131

B

ba	131	baiha	132	banjimbi	133
ba wan	131	baimbi	132	banjime	133
babi	131	bairedeo	132	banjin	133
bade	131	baisin	132	banjinambi	133
baha	131	baisu	132	bargiyatambi	133
bahabi	131	baita	132	bargiyatara	133
bahafi	131	baitakv	132	baru	133
bahai	131	baitakv bade	132	basumbi	133
bahambi	131	baitalambi	132	basumbikai	133
bahanahakv	131	baitalaqi	132	basunumbi	133
bahanarakv	131	baitalara	132	basuqun	133
bahao	131	baitalarakv	132	bata	133
bahaqi	129	balai	132	baturu	134
bai	131	balai iqi	133	bayan	134
baibi	132	baniha	133	be	134
baifi	132	banjiha	133	behe	134

bele	134	bimbihe	135	bodoȟoṅǧo	137
belhehe	134	bimbihebi	135	bodombi	137
belhembi	134	bimbime	135	bodon	137
belheqi	134	bime	135	bodoṅgiyambi	137
beňsen	134	bina	135	bodorakv	137
beo	134	bini	136	boṅgimbi	137
beye	134	bio	136	boo	137
beyebe	134	biqi	136	boode	137
beyede	134	biqibe	136	booi	137
beyei	134	biqina	136	boso	137
bi	134	bira	136	boxombi	137
bidere	134	birai	136	boxonombi	137
bifi	135	birembi	137	bu	137
bihe	135	bireme	137	buda	138
bihe bihei	135	biretei	137	bufi	138
bihe biqi	135	bisirakv	136	buhe	138
bihede	135	bisirakvn	136	buhekv	138
bihei	135	bisirakvṅge	136	buheṅge	138
bihekv	135	bisirakvṅgeo	136	buki	138
bihekvn	135	bisire	136	buleku	138
bihekvṅge	135	bisirede	136	bulekuxembi	138
biheṅge	135	bisirei	136	bultaȟvn	138
biheṅgeo	135	bisirele	136	bultaȟvri	138
biheni	135	bisireṅge	136	bumbi	138
biheo	135	bisu	136	buqembi	138
bikai	135	bitele	136	buqetei	138
biki	135	bithe	137	buqi	138
bikini	135	bithei	137	buya	138
bimbi	134	bodoȟon	137		

C

caň	138					

D

da	138	dabumbi	139	daȟambio	139
dabala	139	dade	139	daȟame	139
dabuȟai	139	daȟambi	139	daȟanjimbi	139

daȟanjirakvňge	139	debtelin	141	donjiqi	142
daȟaqambi	139	dekdeni	141	donjireňge	142
daȟaqaqibe	139	den	141	dorgi	142
daȟarakv	139	den ǧaimbi	141	dorgideri	142
dahin	139	deňjan	141	doro	143
dahin dahin i	139	deo	141	dorolombi	143
daȟvn	139	deoqin	141	dorolon	143
daȟvn daȟvn i	140	deote	141	dosi	143
dambi	139	dere	141	dosika	143
damu	140	dere tokome	141	dosikakv	143
daňse	140	dereňge	141	dosimbi	143
daňsibuȟa	140	deri	141	dube	143
daňsimbi	140	deribumbi	141	dubede	143
daqi	140	deribure	141	duhembi	143
darifi	140	deyembi	141	duhembumbi	143
darimbi	140	deyere	141	duhemburakv	143
daruȟai	140	doȟolon	141	duin	143
dasambi	140	doȟoxombi	142	duiňgeri	143
dasan	140	doiǧonde	142	dule	143
dasihiyambi	140	doko	142	duleke	144
dasimbi	140	dokomimbi	142	dulekele	144
dayambi	140	dolo	142	dulembi	144
dayanambi	140	dolori	142	durgembi	144
dayanaqi	140	donjiȟa	142	durgeqembi	144
de	140	donjiȟala	142	dutu	144
debsehun	141	donjimbi	142	duturembi	144
debsembi	141	donjimbihebi	142		

E

ebembi	144	efiqembi	145	eiqi ainara	145
ebeniyembi	144	efujembi	145	eiqibe	145
ebixembi	144	efulembi	145	eiten	145
ebixenembi	144	efulen	145	eiterebufi	145
ebsi	144	ehe	145	eiterembi	145
ebsihe	144	eifun	145	eitereme	145
ede	144	eifunembi	145	eitereqibe	145
efimbi	144	eiqi	145	ejen	145

eke	145	emu qimari	147	ereiňge	148
ekembi	146	en	147	erembi	148
ele	146	en fa sere oňǧoro	147	ereqi	148
elei	146	endebuku	147	ergelembi	148
elekei	146	endebumbi	147	ergeletei	148
elemaňǧa	146	endembi	147	ergen	148
elgiyen	146	endembio	147	eri	148
elhe	146	endembio endereo	147	erimbi	148
elheken	146	enderakv	147	erin	148
embiqi	146	endereo	147	erindari	148
emdubei	146	endurin	147	erire	148
emembihede	146	enduriňge	147	erulembi	148
ememu	146	eneňgi	147	erun	148
ememuňge	146	eniye	147	eruwedembi	149
emge	146	eniyei	147	eruwen	148
emgeri	146	enqu	147	esi	148
emgi	146	enteke	147	esi seqi ojorakv	149
emke	146	eqi	147	etuhun	149
emken	146	erdemu	147	etuhuxembi	149
emte	146	erdemuňge	147	exemeliyan	149
emteňgeri	146	ere	147	exen	149
emu	146	erehe	148		
emu anan i ǧamambi	146	erehunjembi	148		

F

fa	149	farȟvn	150	feliyere	150
faǩqafi	149	farxambi	150	ferguwembi	150
faǩqambi	149	farxatai	150	ferguwequkeňge	150
faǩqan	149	faxxambi	150	fi	150
fala	149	faxxame	150	fodoroǩo	150
falambi	149	feksi	150	fodorombi	150
falaqi	149	feksihei	150	foȟolokon	150
fanqambi	149	feksimbi	150	foȟolon	150
fanqaquǩa	149	feksire	150	foloȟo	151
fanqaquǩaňǧa	149	fekumbi	150	folombi	150
farȟvdaȟa	149	fekuqembi	150	fondo	151
farȟvdambi	149	feliyembi	150	fondojombi	151

fondolombi	151	fonjinjimbi	151	fusi	151
fonjihaňge	151	forǧoxombi	151	fusihvn	151
fonjiki	151	forǧoxoroňge	151	fusimbi	151
fonjimbi	151	fulehe	151	fuzi	152
fonjin	151	fulu	151		

Ǧ

ǧabtabumbi	152	ǧamarao	153	ǧolonoho	154
ǧabtabure	152	ǧanaha	153	ǧolonombi	154
ǧabtaha	152	ǧanambi	153	ǧoňgimbi	154
ǧabtambi	152	ǧanioňǧa	153	ǧoňǧohon	154
ǧabtaraňge	152	ǧarmaji	153	ǧoňǧohori	154
ǧaifi	152	ǧasha	153	ǧoro	154
ǧaimbi	152	ǧodohon	153	ǧoromime	154
ǧairakv	152	ǧodombi	153	ǧosiha	154
ǧaisu	152	ǧohon	153	ǧosiha jergi okini	154
ǧajifi	152	ǧohorombi	153	ǧosimbi	154
ǧajiha	152	ǧoidaha	153	ǧosin	154
ǧajimbi	152	ǧoidambi	153	ǧosiňǧa	154
ǧaju	152	ǧoiquka	153	ǧvniha	155
ǧala	152	ǧojime	153	ǧvnimbi	155
ǧalakakvn	152	ǧolmin	153	ǧvnin	155
ǧalambi	152	ǧolo	154	ǧvninjimbi	155
ǧamabuha	153	ǧolohoi	154	ǧvsin	155
ǧamaha	153	ǧolohonjombi	154	ǧvsita	155
ǧamambi	152	ǧolombi	154	ǧvtuqun	155

G

gebu	155	gemu	155	genembi	155
gekdehun	155	gene	155	genembio	156
gelembi	155	genebu	155	geneme	156
gelequke	155	genehe	156	geneqi	156
gelerakv	155	genehebi	156	geneqina	156
gelhun	155	genehede	156	generakv	156
gelhun akv	155	geneheo	156	generakv seme	156
geli	155	geneki	156	genere	156
gelio	155	genekini	156	gerebuhe	156

gereke	156	gisurebumbi	157	giyaňnan	158
gerekeǩvn	157	gisurebure	157	gubqi	158
gerembi	156	gisurefi	157	guise	158
geren	157	gisurehe	158	guň	158
gese	157	gisurembi	157	guňnequke	158
gese gese i	157	gisureme	158	guqu	158
geseňge	157	gisureqi	158	guquse	158
getehe	157	gisureraǩv	158	gurgu	158
getembi	157	gisurereǩvqi	158	gurimbi	158
gin	157	giyamun	158	gurinjembi	158
giňgulembi	157	giyan	158	gurun	159
giňgulere	157	giyan fiyan i	158	guwebumbi	159
gisun	157	giyan giyan i	158	guwebureo	159
gisun hese	157	giyanaǩv	158		

Ȟ

ȟafan	159	ȟaqin	159	ȟvduǩan	160
ȟafuǩa	159	ȟoȟo	160	ȟvdun	160
ȟafumbi	159	ȟoȟonombi	160	ȟvlaki	160
ȟaȟa	159	ȟojo	160	ȟvlambi	160
ȟaȟasi	159	ȟojoňge	160	ȟvlara	160
ȟairambi	159	ȟono	160	ȟvse	160
ȟairame	159	ȟooxan	160	ȟvsun	161
ȟala	159	ȟoqiǩon	160	ȟvwaliyambi	161
ȟala ȟaqin	159	ȟoron	160	ȟvwaliyampi	161
ȟalai	159	ȟoroňgo	160	ȟvwaňgiyaraǩv	161
ȟalambi	159	ȟoton	160		
ȟalan	159	ȟvda	160		

H

hen	161	hendumbi	161	heni	161
hen tan i	161	hendume	161	heňkilembi	161
hen tan i aǩv	161	henduqina	161	heňkin	161
hendu	161	hendure	161	heňkixembi	161
henduhe	161	hendure balama	161	heqen	162
henduheňge	161	hendutele	161	hergen	162

hersembi	162	hitahvn	162	hukxembi	162
heserakv	162	hitahvxambi	162	hukxeme	162
hese	162	hiyoo	162		
heturi	162	hiyooxun	162		

I（Ǐ）

i	162	inengidari	163	isinaha	164
ǐ	162	ini	162	isinahade	164
idu	162	ininge	162	isinahala	164
idurambi	162	injembi	163	isinambi	164
ilan	162	injeqembi	163	isiname	164
ilangeri	162	inu	163	isinatala	164
ilaqi	162	iqi	163	isinjiha	164
ilata	162	iqihiyabume	163	isinjimbi	164
ilimbi	163	iqihiyambi	163	isinjire	164
iliqambi	163	irgen	163	isinju	164
iliqibe	163	irgese	163	isirakv	164
imbe	162	ishunde	163	isitala	164
ineku	163	isimbi	164		
inengi	163	isinafi	164		

J

ja	165	jalukiyambi	165	jeo	166
ja akv	165	jalumbi	165	jeo gun	166
jabdumbi	165	jalumpi	165	jeqina	166
jabdungala	165	jaqi	165	jergi	166
jabqambi	165	je	166	jeterakv	166
jabqara	165	je se	166	jiderakvn	167
jai	165	je sehe mangi	166	jidere	167
jaka	165	jefi	166	jiderenge	167
jaka xolo	165	jefu	166	jiduji	166
jakade	165	jekenju	166	jifi	167
jakaderi	165	jeki	166	jiha	166
jakvn	165	jeku	166	jihe	167
jakvqi	165	jembi	166	jihekv	167
jalin	165	jembio	166	jiheo	167

jiki	167	jobombi	167	jurǧan	168
jikini	167	joboqun	167	jurǧanǧa	168
jili	166	jombi	167	juse	168
jilidambi	166	jompi	167	juwambi	168
jimbi	166	jonofi	168	juwampi	168
jimbio	167	jonombi	167	juwan	168
jiň	167	joo	168	juwe	168
jio	167	juǧvn	168	juwen	168
jiqi	167	julesi	168	juweňgeri	168
jiya	167	julge	168	juwete	168
jiye	167	julgei	168		

Ǩ

ǩadalambi	168	ǩanaǧan arambi	168	ǩomsoǩon	169
ǩadalara	168	ǩarulambi	168	ǩooli	169
ǩai	168	ǩarulame	169	ǩooli aǩv	169
ǩanaǧan	168	ǩomso	169		

K

kemuňge	169	kiqebe	169	kubsuhun	169
kemuni	169	kiqembi	169	kubsuhuri	169
kesi	169	kiqeme	169	kubun	169
kimun	169	kiqendumbi	169	kuňfuzi	170
kimuntumbi	169	kiqereňge	169	kuňmiň	170

L

labdu	170	laǩdahvri	170	lan ǧaimbi	170
labduǩan	170	lakiyambi	170	loňto	170
laǩdahvn	170	lalanji	170	loňtolombi	170

M

mahala	170	manǧa	170	manǧi	171
mahala lakiyambi	170	manǧai	171	manǧiqi	171
majige	170	manǧai oqi	171	manju	171
maǩa	170	manǧaxambi	171	manjurambi	171

mari	171	minqi	171	mujaňga	172
marimbi	171	miqumbi	172	mujaňgo	172
mase	171	miqume	172	mujilen	172
meifen	171	moȟombi	172	mutebuhe	172
meňgun	171	moȟotolo	172	mutebumbi	173
meni	171	moňgo	172	muntebureňge	173
meniňge	171	moňgorombi	172	mutembi	172
mergen	171	morin	172	muterakv	173
mimbe	171	moroȟon	172	mutere	173
minde	171	morombi	172	muterei	173
mini	171	mudan	172		
miniňge	171	mudandari	172		

N

na	173	neňgereshun	174	niyaki	175
nakv	173	neqihiyembi	174	niyalma	175
nambuȟa	173	neqin	174	niyalmai	175
nambuȟai	173	nesuken	174	niyamniyaȟa	175
nambumbi	173	ni	174	niyamniyambi	175
narambi	173	nikai	174	niyamniyaraňge	175
naraňgi	174	nikan	174	niyeqetembi	175
naraxambi	174	nikedembi	174	niyeqembi	175
ne	174	nimembi	174	nokai	175
ne je	174	nimerakv	174	nokai ja	175
nememe	174	niňge	175	nu	175
nemgiyen	174	niňgu	175	nure	175
neneme	174	niňgude	175		
neňgelembi	174	nio	175		

O

obofi	176	obumbi	177	oȟo	177
oboȟo	176	obuqi	177	oȟobi	177
obombi	176	ofi	177	oȟode	177
obonombi	176	oȟakv	175	oȟoi	177
obonoro	176	oȟakvn	176	oȟoňge	177
obuȟa	177	oȟakvňge	176	oȟoňgeo	177

oȟoo	177	olȟoquka	178	omiqambi	178
oiȟori	177	olȟoqun	178	ondombi	178
oiȟori biheo	177	olȟoro	178	onǧolo	178
oiȟorio	177	olȟoxombi	178	onqodombi	178
ojorakv	176	olȟoxoro	178	onqodome	178
ojorakvn	176	ombi	175	oqi	179
ojorakvňge	176	ombidere	176	oqibe	179
ojoro	176	ombihe	176	orolombi	179
ojoroňge	176	ombihebi	176	oron	179
ojoroo	176	ombime	176	oron akv	179
okdombi	177	ombio	176	oshodombi	179
okdonombi	177	ome	176	oshon	179
oki	178	omifi	178	oso	179
okini	178	omiki	178	otolo	179
olȟoba	178	omimbi	178		
olȟombi	178	omime	178		

Q̌

q̌ise	179				

Q

qai	179	qembe	180	qimari	180
qala	179	qen piň	180	qin	180
qanaňgi	180	qeni	180	qira	180
qaňgi	180	qi	180	qolǧoroko	181
qe	180	qibtui	180	qolǧorombi	181
qeiňge	180	qiȟa	180	qolǧoropi	181
qeku	180	qiȟakv	180	qolo	181
qekudembi	180	qiȟaňgai	180	qooȟa	181

S

sa	181	sadulambi	181	sain	182
sabuȟakv	181	sadun	181	sainka	182
sabumbi	181	sadun ȟala	181	saiyvn	182
sabume	181	saȟa	181	sakǎ	182

sakda	182	sendelembi	185	siniṅge	185
sambi	182	senqehe	185	sinqi	185
sampi	182	seqi	183	sioi	186
saqi	182	seqibe	183	siran siran i	186
sara	182	seqina	184	siyaň	186
sarkv	182	serakv	184	soktoho	186
se	182	serakvn	184	soktombi	186
sebkesaka	184	serakvṅge	184	solimbi	186
seferembi	184	serakvṅgeo	184	solime	186
seferxembi	184	sere	184	solinambi	186
sefi	182	sere aṅgala	184	soṅgombi	186
sefu	184	sere barama	184	soṅgoqombi	187
sehe	182	serede	184	sonjohoṅge	187
sehe biqi	183	sereṅge	184	sonjombi	187
sehebe	183	sesukiyembi	185	subuhvn	187
sehede	183	sesulambi	185	subumbi	187
sehei	183	setele	184	suhe	187
sehekv	183	si	185	suhelembi	187
sehekvn	183	sidehun	185	suihe	187
sehekvṅge	183	sidehunjembi	185	suihenembi	187
seheṅge	183	siden	185	suilaqun	187
seheṅgeo	183	sidenderi	186	sujeo	187
seki	183	siderembi	186	sula	187
sektu	184	sidereshun	186	sumbi	187
sektuken	184	sikse	186	sunja	187
sembi	182	simbe	185	susai	187
sembidere	183	simbi	186	susaita	187
sembihe	183	sinda	186	suwaliyambi	188
sembihebi	183	simnembi	186	suwaliyatambi	188
sembime	183	simnenembi	186	suwe	188
sembio	183	sindambi	186	suwembe	188
seme	183	sinde	185	suweni	188
semeo	183	siṅgeri	186		
sendejembi	185	sini	185		

T

tafulambi	188	tafulara	188	tafularakv	188

takambi	188	tehei	190	tookabumbi	191
takara	188	teike	190	tookaburakv	191
takasu	188	teile	190	tookambi	191
talu	188	teki	190	tuba	191
talu de	188	tembi	190	tubade	191
talude	188	temun	190	tubaqi	192
tan	188	teni	190	tulergi	192
tantabumbi	188	tenteke	190	tulergideri	192
tantambi	188	teqibe	190	tulgiyen	192
tantanumbi	188	teqina	190	tuqike	192
taqibumbi	189	tere	190	tuqikekv	192
taqibure	189	tere aṅgala	190	tuqimbi	192
taqihabi	189	tere dade	190	tuqiṅgele	192
taqihakv	189	terebe	190	tuqinu	192
taqiki	189	terei	190	ture	192
taqimbi	189	tereiṅge	191	turemimbi	192
taqimbiheo	189	tetendere	191	turgun	192
taqimbime	189	teyefi	191	tusa	192
taqimbio	189	teyembi	191	tuttu	192
taqinjimbi	189	tob	191	tuwa	192
targaqun	189	tofohon	191	tuwaki	193
taxan	189	tofohoto	191	tuwambi	192
te	189	tokombi	191	tuwanambi	193
tebumbi	189	tokome	191	tuwaṅgimbi	193
tede	190	tokso	191	tuwara	193
tefi	190	tome	191		
tehe	190	tondo	191		

U

uba	193	ufa	193	ulhiyen	194
ubade	193	ujelembi	193	ulhiyen ulhiyen i	194
ubaliyafi	193	ujeleme	193	ulin	194
ubaliyambi	193	ujimbi	193	ulintumbi	194
ubaqi	193	ujire	193	umai	194
udu	193	ukqaha	194	umainahakv	194
uduṅgeri	193	ukqambi	193	umainambi	194
uduqi	193	ulgiyan	194	umainame muterakv	194

215

umainaqi ojorakv	194	unqarange	194	urgunjembi	195
ume	194	unqehen	194	urgunjerakvnge	195
umesi	194	untuhun	195	urse	195
umiyaha	194	uqarabuha	195	urui	195
umiyahanambi	194	uqarabumbi	195	urunakv	195
unda	194	uqarambi	195	uthai	196
unda de	194	urebuhe	195	uttu	196
unde	194	urebumbi	195	uxabumbi	196
ungimbi	194	urebuqi	195	uxambi	196
ungire	194	urembi	195	uyunju	196
ungireo	194	urgun	195	uyunjute	196
unqambi	194	urgunjehe	195		

W

wajiha	196	waliyame	197	weke	197
wajihabi	196	waliyatai	197	wembi	198
wajimbi	196	wan	197	wempi	198
wajin	196	wasimbi	197	wenjehun	198
wajingala	196	wasinu	197	weqi	197
wajirakv	196	we	197	weri	198
wajitala	196	webeo	197	werimbi	198
waka	196	wehiyembi	197	wesihun	198
wakalambi	196	wehiyeme	197	wesimbi	198
wakalarakv	196	wei	197	wesinu	198
wakao	196	weilembi	197	wesire	198
waliyambi	197	weilere	197		

X

xabi	198	xannambi	198	xoforoxombi	199
xabisa	198	xasihalambi	198	xolo	199
xangafi	198	xasihaxambi	198	xolombi	199
xangambi	198	xoforombi	199		

Y

ya	199	yabubuqi	199	yabukini	199
yabubu	199	yabuhai	199	yabumbi	199

yabume	199	yaluki	200	yebelerakv	201
yabuqi	199	yalumbi	200	yertequn	201
yaburakv	199	yamaka	200	yertequn tuwaha	201
yabure	200	yamaka inengi	200	yobo	201
yadahvn	200	yamji	200	yobodombi	201
yadan	200	yamjishvn	200	yoki	201
yadara	200	yan	200	yokto	201
yaka	199	yanduha	200	yombi	201
yaksimbi	200	yandumbi	200	yompi	201
yaksitai	200	yaqi	199	yoo	201
yala	200	yargiyan	200	yooni	201
yalake	200	yargiyvn	201	yuwan	201
yali	200	yaya	201		
yaluha	200	yebelembi	201		

锡伯文、满文字母的拉丁字母转写

本标准对锡伯文、满文字母给出对应的拉丁转写形式。锡伯文、满文字母拉丁转写的顺序依据对应的拉丁转写字母按汉语拼音的基本顺序进行排列。本标准给出了锡伯文、满文字母的拉丁转写形式,还给出了字母对应的独立形式、词首形式、词中形式和词尾形式。字母表中色彩为 ■ 红色的为锡伯文中独有的字符,色彩为 ■ 湖蓝色的为满文中独有的字符,黑色■的则为锡伯文和满文共有的字符。表格中如有多个字符,则从左至右分别称为第一形式、第二形式,以此类推。

表 1 锡伯文、满文元音字母拉丁转写

编号	锡伯文、满文元音字母					国际音标	拉丁转写
	名称	独立	词首	词中	词尾		
1	A					/ɑ/	A a
2	E					/ə/	E e
3	AM I					/i/	Ǐ ǐ
	AJI I						I i
4	O					/o/	O o
5	U					/u/	U u
6	V					/ʊ/	V v

注:表中 u 的第三词中形式与 v 的词中形式为同一个字符,在锡伯文中转写为 u,在满文中转写为 v,u 的第五词尾形式与 v 的词尾形式为同一个字符,在锡伯文中转写为 u,在满文中转写为 v。

表2 锡伯文、满文辅音字母拉丁转写

编号	锡伯文、满文辅音字母					国际音标	拉丁转写
	名称	独立	词首	词中	词尾		
1	BA		◐	◐	᠊ᠪ	/p/	B b
2	PA		◑	◑		/p'/	P p
3	MA		ᠮ	ᠮ	᠊ᠮ	/m/	M m
4	FA		ᡶ	ᡶ ᡶ		/f/	F f
	FI		ᡶ	ᡶ			
5	TA		ᡨ	ᡨ		/t'/	T t
	TE		ᡨ	ᡨ			
	TU			ᡨ	ᡨ		
6	DA		ᡩ	ᡩ		/t/	D d
	DE		ᡩ	ᡩ			
7	NA		ᠨ	ᠨ	᠊ᠨ ᠊ᠨ	/n/	N n
8	LA		ᠯ	ᠯ	᠊ᠯ	/l/	L l
9	KKA		ᡴ	ᡴ ᡴ	᠊ᡴ ᠊ᡴ	/q'/	Ǩ ǩ
10	GGA		ᡤ	ᡤ		/q/	Ğ ğ
11	HHA		ᡥ	ᡥ		/χ/	Ȟ ȟ
12	KA		ᡴ	ᡴ		/k'/	K k
	KE		ᡴ	ᡴ	᠊ᡴ		
13	GA		ᡤ	ᡤ		/k/	K g
	GE		ᡤ	ᡤ			

续表

编号	锡伯文、满文辅音字母					国际音标	拉丁转写
	名称	独立	词首	词中	词尾		
14	HA		᠊ᠠ	᠊ᠠ		/x/	H h
	HE		᠊ᠠ	᠊ᠠ			
15	ZA		ᡮ	ᡮ	ᡮ	/ts/	Z z
	ZI		ᡮ	ᡮ			
16	CA		ᡮ	ᡮ		/ts'/	C c
17	SA		ᠰ	ᠰ	ᠰ	/s/	S s
18	JA		ᠵ	ᠵ		/t'/	J j
19	QA		ᠴ	ᠴ		/tʂ'/	Q q
20	XA		ᡧ	ᡧ	ᡧ	/ʂ/	X x
21	RRI		ᡵ	ᡵ		/ʐ/	Ř ř
22	RA		ᡵ	ᡵ	ᡵ ᡵ	/r/	R r
23	YA		ᠶ	ᠶ		/j/	Y y
24	WA		ᠸ	ᠸ		/v/	W w
25	ANN			ᠩ	ᠩ ᠩ	/ŋ/	Ň ň

表3 锡伯文、满文特殊字母拉丁转写

编号	锡伯文、满文特殊字母					国际音标	拉丁转写
	名称	独立	词首	词中	词尾		
1	IY			᠊ᡳ᠊	᠊ᡳ	/i/	Ĭ ĭ
2	JJI		ᠵ᠊	᠊ᠵ᠊		/tʂ/	Ĵ ĵ
3	QQI		ᠴ᠊	᠊ᠴ᠊		/tʂʻ/	Q̌ q̌
4	DENDER			᠊			-

注：DENDER是锡伯文隔音符，形如词干，转写用"-"（减号），用于表示隔音符两边的字符需要分开发音。例如，" laňgu laň-gu "，两个单词形态不同，词义不同，发音不同。其中前一个单词两个音节由于连带关系，发音是融合连读的，后一个单词两个音节的发音是分开的。

注：上述内容摘自乌鲁木齐市索贝特数码科技有限公司2014年9月21日发布并于2015年11月22日修订的企业标准Q/SBT 001-2014《信息技术 锡伯文、满文拉丁字母转写》第5节。